Bertelsmann

Entdecker, Erfinder und Abenteurer

444 Fragen und Antworten zu Menschen, die die Welt veränderten

Bertelsmann! JUNIOR

Projektleitung: Katja Baier

Redaktion: SAW Communications, Redaktionsbüro Dr. Sabine A. Werner, Mainz
Bildredaktion: Sonja Rudowicz
Karten- und Grafikredaktion: Dr. Matthias Herkt

Layoutentwurf und Illustrationen: Jo Pelle Küker-Bünermann
Datenaufbereitung und Satz: SAW Communications,
Redaktionsbüro Dr. Sabine A. Werner, Mainz: Katrin Pfeil

Einbandgestaltung: FaktorZwo, Bielefeld

Herstellung: Marcel Hellmund
Druck und Bindung: Himmer AG, Augsburg

Die in diesem Buch gewählten Schreibweisen folgen dem Werk „WAHRIG – Die deutsche Rechtschreibung" sowie den Empfehlungen der WAHRIG-Redaktion. Weitere Informationen unter www.wahrig.de

ISBN: 978-3-577-07650-0

www.lexikoninstitut.de

Vorwort

Wir nutzen täglich die Ideen großer Erfinder: Wenn wir das Licht einschalten, eine Freundin anrufen, wenn wir fernsehen oder vor dem Computer sitzen. Geniale Einfälle machen uns das Leben leichter. Viele Dinge, die wir heute ganz selbstverständlich benutzen, waren zur Zeit ihrer Erfindung eine Sensation, zum Beispiel die Glühbirne oder das erste Automobil. Thomas Alva Edison, der über tausend Erfindungen entwickelt hat, sagte einmal: „Genie ist zu einem Prozent Inspiration und zu 99 Transpiration." Damit meinte er, dass die Idee nur den kleinsten, der Fleiß aber den größten Teil der Erfindungen ausmacht. Und Edison wusste, wovon er sprach. Schließlich führte er über 9000 Versuche durch, bis er die Glühlampe zum Leuchten brachte!

Oft sind mit Erfindungen auch große Entdeckungen verbunden. So war es erst mit der Entwicklung hochseetauglicher Schiffe und der Verbesserung nautischer Instrumente wie Winkelmessgeräten zur Bestimmung von Position und Geschwindigkeit auf hoher See möglich, in weit entfernte Zonen vorzustoßen. Was heute selbstverständlich erscheint, hätte unsere Vorfahren noch in Angst und Schrecken versetzt. Waren die Reisen über den Atlantik noch vor 150 Jahren beschwerlich und nicht ganz ungefährlich und dauerten zudem mehrere Wochen, so reisen wir heute bequem mit dem Flugzeug in wenigen Stunden von Europa nach Amerika.

Es ist daher ein besonderes Verdienst unermüdlicher Forscher, wagemutiger Entdecker und verwegener Abenteurer, dass wir über unsere Welt heute so viel mehr wissen als unsere Vorfahren. Doch wer waren diese Personen? Warum wurden sie so bedeutsam? Und wie sind ihre Leistungen mit ihrem Leben verknüpft?

In 444 Fragen und Antworten stellt das vorliegende Buch wissbegierigen Kindern ab 9 Jahren das Leben und Werk der interessantesten und bedeutendsten Erfinder, Entdecker und Abenteurer vor, die sich mit ihren Ideen und Idealen, ihren Taten und Werken unvergesslich gemacht haben.

Viel Freude beim Lesen, Entdecken und Stöbern wünscht
Der Verlag

Mit Professor Hein Stein

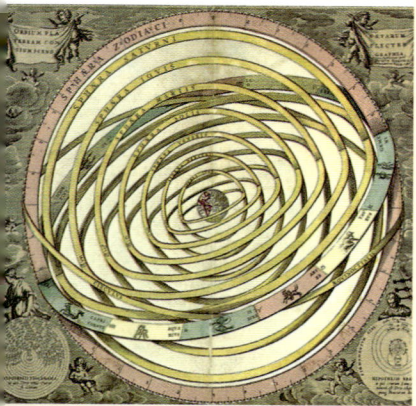

Inhalt

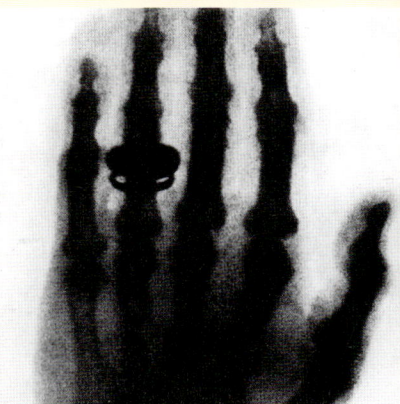

Abenteurer und Visionäre   52

Register   62

Abbildungsnachweis   64

VORGESCHICHTE UND FRÜHE HOCHKULTUREN (7 Mio. bis 800 v. Chr.)		
vor ca. 7 Mio. Jahren	In Afrika entwickeln sich die ersten Hominiden	
vor ca. 40.000 Jahren	Der Jetztmensch (Homo sapiens sapiens) erscheint in Europa	
nach 9000 v. Chr.	Anfänge von Ackerbau und Viehzucht im Vorderen Orient – „Neolithische Revolution"	
um 7000 v. Chr.	Gründung von Çatal Hüyük, der größten neolithischen Siedlung	
um 4500 v. Chr.	Erste Megalithgräber in Westeuropa	
um 3100 v. Chr.	Vereinigung von Ober- und Unterägypten	
um 2800–2400 v. Chr.	Blütezeit der sumerischen Stadtstaaten	
um 2600 v. Chr.	Anfänge der bronzezeitlichen kretisch-mykenischen Kultur	
um 2550 v. Chr.	Bau der Cheopspyramide in Gizeh	
um 2350 v. Chr.	Sargon I. begründet das Großreich von Akkad	
um 1766 v. Chr.	Erste historisch fassbare Dynastie in China (Shang-Dynastie)	
um 1595 v. Chr.	Die Hethiter erobern Babylon	
um 1500 v. Chr.	Unter Thutmosis I. erstreckt sich Ägypten bis zum Euphrat	
nach 1200 v. Chr.	Untergang der mykenischen Kultur	
um 1000 v. Chr.	Entstehung des Königreichs Israel	

DIE ANTIKE WELT (800 v. Chr. bis 476 n. Chr.)		
um 800 v. Chr.	Beginn der griechischen Kolonisation	**Pythagoras** S. 26
753 v. Chr.	Sagenhafte Gründung Roms	**Hippokrates** S. 26
508/507 v. Chr.	Begründung der athenischen Demokratie	**Archimedes** S. 26
492–449 v. Chr.	Krieg der Griechen gegen das Perserreich	**Ptolemäus** S. 30
431–404 v. Chr.	Peloponnesischer Krieg zwischen Athen und Sparta	
336–323 v. Chr.	Alexander der Große schafft ein Weltreich	
146 v. Chr.	Die Römer zerstören Karthago	
44 v. Chr.	Ermordung Cäsars	
27 v. Chr.	Octavian, Cäsars Großneffe, erhält den Titel Augustus	
117	Größte Ausdehnung des Römischen Reichs	
313	Kaiser Konstantin toleriert das Christentum	
375	Die Hunnen dringen nach Europa vor, Beginn der Völkerwanderung	
395	Teilung in West- und Oströmisches Reich	
410	Westgoten unter Alarich plündern Rom	
476	Absetzung des Kaisers Romulus Augustulus, Ende des Weström. Reichs	

DAS MITTELALTER (476 bis 1492)		
486–507	Begründung des Frankenreichs durch Chlodwig I.	**Marco Polo** S. 10
711	Die Araber dringen nach Spanien vor	**Johannes Gutenberg** S. 28
800	Karl der Große wird in Rom zum Kaiser gekrönt	**Christoph Kolumbus** S. 12
1054	Spaltung des Christentums in katholische und orthodoxe Kirche	**Vasco da Gama** S. 14
1066	Der Normannenherzog Wilhelm der Eroberer wird englischer König	
1077	Höhepunkt des Investiturstreites: Bußgang Heinrichs IV. nach Canossa	
1095	Papst Urban II. ruft zum 1. Kreuzzug auf	
1122	Konkordat von Worms legt den Investiturstreit bei	
1237	Einfall der Mongolen in Russland	
1337	Beginn des Hundertjährigen Krieges zwischen Frankreich und England	
1356	Karl IV. erlässt die Goldene Bulle	
1378–1417	Großes Schisma der Kirche	
1452	Johannes Gutenberg beginnt mit dem Druck der Bibel	
1453	Die Osmanen erobern Konstantinopel: Ende des Byzantinischen Reichs	
1492	Kolumbus entdeckt Amerika	

RENAISSANCE UND FRÜHE NEUZEIT (1492 bis 1789)		
1512	Michelangelo vollendet die Fresken in der Sixtinischen Kapelle	**Kopernikus** S. 30
1517	Martin Luther verfasst 95 Thesen und leitet damit die Reformation ein	**Francisco Pizarro** S. 16
1521–1533	Eroberung des Azteken- und Inkareiches	**Fernão de Magellan** S. 16
1530	Karl V. wird zum Kaiser gekrönt: Unter seiner Herrschaft vollzieht das Haus Habsburg den Aufstieg zur Weltmacht	**Hernando Cortés** S. 16
		Galileo Galilei S. 54
1534	Heinrich VIII. löst die englische Kirche von der Bindung an Rom	**Kepler** S. 30
1555	Augsburger Religionsfriede erlaubt zwei Konfessionen im Reich	**Isaac Newton** S. 32
1613	Michael Romanow wird Zar und begründet die Dynastie der Romanows	**James Cook** S. 18
1618–1648	Dreißigjähriger Krieg	**James Watt** S. 34
1661	Ludwig XIV. wird König von Frankreich	
1688	„Glorious Revolution" in England	
1740	Friedrich der Große wird König von Preußen, das zur Großmacht heranwächst	
1756–1763	Der Siebenjährige Krieg beherrscht Europa	
1765	James Watt erfindet die Dampfmaschine	
1776	Amerikanische Unabhängigkeitserklärung	

VON DER FRANZÖSISCHEN REVOLUTION BIS ZUM ZEITALTER DES IMPERIALISMUS (1789 bis 1914)

1789	Ausbruch der Französischen Revolution
1804	Napoleon krönt sich zum Kaiser von Frankreich
1806	Ende des Heiligen Römischen Reiches Deutscher Nation; Gründung des Rheinbundes
1815	Niederlage Napoleons bei Waterloo; Neuordnung Europas durch den Wiener Kongress
1848	Das Kommunistische Manifest von Marx und Engels erscheint
1848/49	In zahlreichen europäischen Ländern kommt es zu Revolutionen
1853–1856	Krimkrieg
1861	Das Königreich Italien entsteht
1861–1865	US-amerikanischer Bürgerkrieg
1866	Deutscher Krieg zwischen Preußen und Österreich
1871	Proklamation des Deutschen Kaiserreichs in Versailles
1885	Kongo-Konferenz läutet den Wettlauf um Afrika ein
1900/01	Boxeraufstand gegen das Eindringen der Westmächte nach China
1905	Erste russische Revolution
1911/12	Sturz der chin. Mandschu-Dynastie und Errichtung der Republik China
1912/13	Balkankriege

Alexander von Humboldt S. 56
Charles Darwin S. 58
Heinrich Schliemann S. 20
Gottlieb Daimler S. 38
Robert Koch S. 44
Karl Benz S. 38
Wilhelm Konrad Röntgen S. 44
Thomas Alva Edison S. 36
Otto Lilienthal S. 40
Max Planck S. 42
Fridtjof Nansen S. 22
Henry Ford S. 38
Wilbur und Orville Wright S. 40
Marie und Pierre Curie S. 42
Roald Amundsen S. 22
Albert Einstein S. 46

ERSTER WELTKRIEG UND WEIMARER REPUBLIK (1914 bis 1933)

1914–1918	Erster Weltkrieg
1917	Oktoberrevolution in Russland
1919	Versailler Vertrag und Weimarer Verfassung
1920	Der Völkerbund nimmt seine Arbeit auf
1922	„Marsch auf Rom": Mussolini übernimmt die Macht in Italien
1923	Französische und belgische Truppen besetzen das Ruhrgebiet
1924	Adolf Hitler schreibt in der Festungshaft in Landsberg „Mein Kampf"
1928	Stalin ist nach Ausschaltung aller Rivalen Alleinherrscher der UdSSR
1929	„Schwarzer Freitag" an der Wallstreet leitet die Weltwirtschaftskrise ein
1931	Japan besetzt die Mandschurei
1932	Die NSDAP wird stärkste Partei im Reichstag

NATIONALSOZIALISMUS UND ZWEITER WELTKRIEG (1933 bis 1945)

1933	Hitler wird Reichskanzler: Beginn der nationalsozialistischen Diktatur
1935	„Nürnberger Gesetze" zur Entrechtung und Diskriminierung der Juden
1938	„Anschluss" Österreichs; Münchner Abkommen
1939	Deutscher Angriff auf Polen löst den Zweiten Weltkrieg aus
1941	Deutscher Angriff auf die UdSSR; Kriegseintritt der USA
1942	„Wannsee-Konferenz" trifft Vorbereitungen für Massenmord an Juden
1943	Deutsche Kapitulation in Stalingrad; Goebbels proklamiert den „totalen Krieg"
1944	D-Day: Alliierte landen in der Normandie
1945	Hitler verübt Selbstmord; bedingungslose Kapitulation des Deutschen Reiches; USA werfen Atombomben auf Hiroshima und Nagasaki; Ende des Zweiten Weltkriegs

DIE WELT NACH 1945

1945	Gründung der UNO
1949	Mit der Gründung der Bundesrepublik und der DDR ist die Teilung Deutschlands vollzogen; Gründung der Volksrepublik China
1950–1953	Koreakrieg
1953	Aufstand des 17. Juni in der DDR
1955	Beitritt der Bundesrepublik zur NATO, der DDR zum Warschauer Pakt
1956	Sowjetische Truppen schlagen Volksaufstand in Ungarn nieder
1961	Bau der Berliner Mauer
1962	Kuba-Krise zwischen den USA und der UdSSR
1968	„Prager Frühling" wird von Truppen des Warschauer Paktes gewaltsam beendet
1975	Ende des Vietnamkriegs
1985	Michail Gorbatschow leitet in der UdSSR Reformen ein
1989	Zusammenbruch der kommunistischen Herrschaft in Osteuropa; Öffnung der Berliner Mauer
1990	Wiedervereinigung Deutschlands
1991	Beginn des jugoslawischen Bürgerkriegs; Ende der Sowjetunion
1993	Durch Maastrichter Vertrag wird die Europäische Union geschaffen
1994	Nelson Mandela wird Staatspräsident Südafrikas
1999	NATO-Luftkrieg gegen Jugoslawien
2001	11. September: Terroranschläge auf World Trade Center und Pentagon
2003	Irak-Krieg beendet Herrschaft von Saddam Hussein
2004	Mit der Aufnahme zehn neuer Mitgliedstaaten vollzieht die Europäische Union ihre bislang größte Erweiterung
2006	Montenegro verlässt die Staatengemeinschaft mit Serbien

Neil Armstrong S. 60
Stephen Hawking S. 48
Bill Gates S. 50

Das Entdecken, das Nachdenken und das Erkennenwollen gehört seit jeher zum Wesen des Menschen. Unsere Vorfahren entdeckten neue Welten bei ihrer Suche nach Nahrung oder neuen Lebensräumen. Doch auch bei denjenigen, die nicht mehr auf diese Weise ihr Überleben sichern mussten, blieben die Neugier und die Sehnsucht bestehen, die ganze Welt zu entdecken.

Dieses Kapitel beginnt mit Marco Polo (um 1254 bis 1324), dem großen Chinareisenden. Es folgen Christoph Kolumbus (1451–1506), der auf seiner Suche nach Indien in Amerika landete, und Vasco da Gama (um 1469–1524), der schließlich wenige Jahre später den Seeweg nach Indien entdeckte. Weiter geht es mit den Konquistadoren, deren Gier nach Gold und Reichtümern so groß war, dass sie auch vor Blutvergießen nicht zurückschreckten. Hernando Cortés (1485–1547), der loszog, um die Azteken zu unterwerfen, Francisco Pizarro (1476 oder 1478 bis 1541), der das Inkareich erobern wollte, und Magellan (1480–1521), der auf seiner Suche nach Schätzen den Stillen Ozean entdeckte.

Der große James Cook (1728–1779) erkundete die südlichen Gewässer im Namen der Wissenschaft und fertigte umfangreiche Seekarten an.

Auch im 19. Jahrhundert gab es noch einiges zu entdecken: Heinrich Schliemann (1822–1890) träumte seit seiner Schulzeit von der Entdeckung des antiken Troja und folgte den Hinweisen des Schriftstellers Homer in der „Ilias", seinem weltberühmten Epos. Tatsächlich gelang es dem Archäologen, die jahrhundertelang verschüttete Siedlung zu finden.

Der norwegische Polarforscher Fridtjof Nansen (1861–1930) erforschte das Nordpolargebiet und sein Landsmann Roald Amundsen (1872–1928) erreichte als erster Mensch den geografischen Südpol.

◄ Drachenboote der Wikinger: ein Nachbau des berühmten Oseberg-Schiffes vor der norwegischen Küste.

Polo, 1271–95
Diaz, 1487/88
Kolumbus, 1492/93
da Gama, 1497–99
Magellan/del Cano, 1519–22
Cook, 1768–71
Amundsen, 1903–06

Amundsen 1903–06

Nordamerika

Atlantischer Ozean

Oslo

London
Berlin
Venedig

Asien

New York

Azoren

Lissabon

Peking

Bahamas

Kanarische Inseln

Polo, 1271–95

Kuba
Kolumbus, 1492/93

Hongkong

Pazifischer Ozean

Kapverdische Inseln

Afrika

Indien

Magellan †1521

Pazifischer Ozean

Diaz, 1487/88

Nairobi

Indischer Ozean

Südamerika

Lima

Magellan/del Cano, 1519–22

Rio de Janeiro

da Gama, 1497–99

Cook,

del Cano, 1521/22

Australien

Tahiti

Cook, 1768–71

Kapstadt

Sydney

Magellanstr.

▲ Auf den hier eingezeichneten Routen reisten die berühmten Entdecker der Geschichte auf den Ozeanen um die ganze Welt.

◄ Seekarte, Sextant, Kompass und Winkelmessinstrument dienten den Seefahrern als Hilfsmittel für die Navigation.

▲ Diese Buchillumination aus dem späten 14. Jahrhundert zeigt Marco Polo 1271 beim Antritt seiner Reise nach China. Sie wird in der Bodleian Library in Oxford aufbewahrt.

Wie alt war Marco Polo, als er sich auf seine Reisen begab?

Im Jahre 1271 begab sich Marco Polo mit seinem Vater und seinem Onkel auf Weltreise. Damals war er 16 Jahre alt. In dieser Zeit war das Reisen sehr schwierig und nicht genau planbar, weil nichts wirklich vorherzusehen und abzuschätzen war. Die Welt stellte sich noch ganz anders dar als heute. Die Stadt Konstantinopel zum Beispiel, das heutige Istanbul, bildete das Herz von Byzanz, und auch die Mongolen sonnten sich noch in einem riesigen Reich.

► Der große Reisende und Abenteurer Marco Polo (1254–1324) lebte rund 16 Jahre am Hof des mächtigen Mongolenherrschers Kublai Khan.

Wusstest du, dass ...

► Marco Polos Reisebericht „Il Milione" in viele Sprachen übersetzt und zu einem der ersten Bestseller der Reiseliteratur wurde?
► das Buch sogar den großen Entdecker Christoph Kolumbus zu seinem Aufbruch in die Ferne angeregt hat?
► sich Reisende in der Wüste Gobi eng zusammenscharten, um den Geisterstimmen der Wüste zu widerstehen? Sie glaubten, nur so dem Tod entkommen zu können.

Gab es schon vor Marco Polo Reisen nach China?

Marcos Vater Niccolò und sein Onkel Matteo hatten als Kaufleute bereits eine ausgedehnte Reise in unbekannte Gegenden unternommen. Sie waren bis nach Kambaluk, dem heutigen Peking, gekommen, wo sie dem damaligen Großkhan der Mongolen, Kublai Khan, vorgestellt worden waren. Zu dessen Reich gehörten

damals Zentralasien, China und Regionen Osteuropas. Die beiden Kaufleute wurden wie Fürsten empfangen. Der Khan zeigte sich hocherfreut über diesen Besuch, der eine Verbindung zu einem Teil Europas darstellte, der ihm unbekannt war. Mit einer Art Passierschein, der gleichzeitig Unterkunft und Transport sicherte, machten sich die beiden Venezianer auf den Heimweg, im Gepäck die Bitte Kublai Khans um heiliges Öl und christliche Gelehrte.

Zwei Jahre nachdem die Kaufleute nach Venedig zurückgekehrt waren, machten sie sich erneut auf. Diesmal nahmen sie den jungen Marco mit. Sie erreichten zunächst Akko im heutigen Israel. Der neue Papst Gregor X. gab den drei Venezianern seinen Segen und zwei Klosterbrüder mit auf den Weg. Diese konnten die beschwerliche Reise allerdings nicht beenden. Doch mit leeren Händen mussten die Venezianer nicht vor den großen Mongolenfürsten treten: Zumindest heiliges Öl hatten sie dabei.

Wie lange dauerte die Reise?

Die Hinreise dauerte rund vier Jahre. Die Teilnehmer der Expedition sahen Landschaften und trafen Menschen, sie hatten wichtige Begegnungen und erlebten Abenteuer, wie noch kein anderer Europäer zuvor. Am Hof des Khans, im Sommerpalast Shangdu, wurden sie überglücklich empfangen und mit „Frohsinn, Zeitvertreib und Lustbarkeit" beherbergt, wie Marco Polo später schrieb. Bald trat der Venezianer in den diplomatischen Dienst des Großkhans und unternahm in seinem Auftrag lange Reisen durch

das ganze Reich. Im Süden zum Beispiel kam er bis nach Hangtschou, für ihn die „schönste und prächtigste Stadt der Welt". Sein Vater und sein Onkel wurden Militärberater. Bis 1292 blieben sie in Ostasien, doch dann bekamen sie Heimweh und kehrten nach Hause zurück.

Wo schrieb der Abenteurer seinen Reisebericht?

In Kriegsgefangenschaft. Er führte während der Seeschlacht von Curzola gegen Genua eine venezianische Galeere an und geriet 1298 in genuesische Gefangenschaft. Im Gefängnis diktierte er seine Lebensreise einem Schriftsteller aus Pisa.

Mit „Il Milione" hat er den Europäern Asien näher gebracht und neue geografische Maßstäbe gesetzt. Er stellt den Glanz des Fernen Ostens europäischen Lesen lebhaft vor. Marco Polos Erinnerungen sind bunt und vielfältig. Er beschreibt spektakuläre Landschaften und die für seine Zeitgenossen höchst wunderliche Lebensweise fremder Menschen und Völker.

Mit seinem Bericht wurde Marco Polo bereits zu Lebzeiten berühmt. Allerdings schenkten ihm viele Zeitgenossen und auch einige moderne Forscher keinen Glauben. So wird zum Beispiel nirgends die Chinesische Mauer erwähnt, an der Marco Polo seinen Beschreibungen zufolge vorbeigekommen sein muss. Gestorben ist der umstrittene Weltreisende und Reiseschriftsteller im Jahre 1324 in seiner Heimatstadt Venedig.

Welche Stationen hatte Marco Polos Reise im Jahr 1271?

In seiner Heimatstadt Venedig begann die Reise. Erstes Ziel war Akko im heutigen Israel, weiter ging es auf dem Landweg nach Osten über Täbris (Iran) zur Straße von Hormus am Golf von Oman. Ihr Weg führte sie nördlich durch das Land von Tausendundeiner Nacht. Auf ihrer Strecke liegt Balkh (heute: Nordafghanistan), das 1220 von den Mongolen eingenommen und geplündert worden war. Die Karawane zog weiter nordöstlich bis Kashgar (heute: Kashi in der chinesischen Republik Sinkiang). Die Weiterreise wurde mühevoll, sie überquerten das Pamirgebirge und durchquerten die Wüste Gobi. 1275 erreichten sie Shangdu und damit den Hof des Khans.

◄ Kublai Khan händigt Marco und seinem Vater Niccolò Polo 1292 in Peking einen kaiserlichen Geleitbrief für ihre Heimreise aus.

▲ Als Christoph Kolumbus im Oktober 1492 auf einer kleinen Insel der Bahamas an Land ging, begrüßten ihn die Indianer mit kostbaren Gastgeschenken.

Neue Nahrung für seine Pläne, Indien auf dem Westweg über den Atlantik zu erreichen, erhielt Kolumbus durch alte Karten, Geschichten von Seeleuten, eigene Beobachtungen auf den Atlantik-Inseln und auf einer Fahrt mit einem portugiesischen Schiff zur Küste Guineas.

Wie gewann er Königin Isabella für seine Pläne?

Kolumbus flüchtete 1484 nach Spanien. Mit Hilfe des Beichtvaters von Königin Isabella kam er an den königlichen Hof. Im Januar 1492 erhielt er die Chance, Isabella verbesserte Pläne vorzulegen. Inzwischen benötigte die spanische Krone wegen der Kriegslasten im Kampf gegen das islamische Granada, mit dem die Rückeroberung des islamischen Spanien durch die Christen ihren Abschluss finden sollte, dringend Geld. Luis de Santángel, Schatzmeister des Hauses Aragón, sah nun in dem Unternehmen von Kolumbus eine gute Möglichkeit, neue Einnahmequellen zu erschließen.

Doch Kolumbus stellte sehr hohe Forderungen: Der Entdecker verlangte den Adelstitel sowie den Titel eines Admirals, außerdem wollte er die Ämter des Vizekönigs und Generalstatthalters aller neu zu entdeckenden Länder und zehn Prozent Anteil an den Handelserlösen. Zunächst wurden seine Forderungen abgelehnt, doch als Kolumbus Spanien schließlich enttäuscht verlassen wollte, wurde er zurückgeholt, nachdem Ratgeber die Königin von seinen Plänen überzeugt hatten.

Was weiß man über das Leben von Kolumbus?

Über das Leben von Kolumbus ist nur sehr wenig bekannt. Der Entdecker soll 1451 in Genua als Sohn eines Webers geboren worden sein. Das Kolumbus-Archiv im Kartäuserkloster von Las Cuevas bei Sevilla ist verlorengegangen. Sein Sohn Ferdinand verfasste eine Lebensbeschreibung, ebenso der spanische Geistliche Las Casas, der gegen die Versklavung der Indios eintrat. Diesen Quellen zufolge könnte Kolumbus mit 14 Jahren als Frachtbegleiter in Diensten einer Genueser Kaufmannsfamilie nach Chios gesegelt sein. 1476 soll er als Schiffbrüchiger im portugiesischen Lagos gelandet sein. Von Lissabon zog er nach Flandern, England und Irland, wo er viele Geschichten über die Geheimnisse des Atlantiks hörte.

Wie wurde Kolumbus Entdecker?

In Lissabon führte Kolumbus' Bruder Bartholomäus einen Laden mit Karten, die er selbst zeichnete. Dort beschäftigte sich Kolumbus mit der Welt und vertiefte sich in Bücher, wie Marco Polos Reiseberichte, Pierre d'Aillys „Bild der Welt", Plinius' Naturgeschichte, Abraham Zacutos Almanach, Ptolemäus' Kosmographie und die Bibel.

Wusstest du, dass …

▶ auf der Santa Maria, einem der drei Schiffe auf Kolumbus' erster Entdeckungsreise, Lebensmittelvorräte für ein ganzes Jahr transportiert wurden?

▶ es mehr als 7 Jahre dauerte, ehe die spanische Königin Isabella der Expedition von Kolumbus zustimmte?

▶ Christoph Kolumbus statt dem erhofften Gold zum Beispiel Papageien, Kartoffeln, Tomaten, Perlen und sogar Indianer mit nach Spanien brachte?

▲ Die Pinta und die Niña, mit denen Christoph Kolumbus 1492 zusammen mit dem Flaggschiff Santa María in See stach, waren Karavellen. Karavellen sind leicht, wendig, haben nur wenig Tiefgang und sind dadurch sehr schnell.

Wie verlief die erste Reise des Seefahrers?

Am 3. August 1492 stachen die drei Schiffe Santa María, Pinta und Niña mit 90 Männern an Bord von Palos in See. Es war Zufall, dass Kolumbus den richtigen Weg über die Kanaren wählte. Am 12. Oktober erreichten die Seefahrer die Bahamas-Insel Guanahani, die Kolumbus San Salvador nannte. Im Anschluss daran landeten sie auf Kuba, das er für Japan hielt, und schließlich auf Haiti, das sie Hispaniola nannten.

Welche weiteren Reisen unternahm Kolumbus?

Bei der zweiten Fahrt ließ Kolumbus Forts bauen, um die spanische Herrschaft zu sichern, und zwang die Indios, Gold heranzuschaffen. Bei seiner dritten Reise stieß er auf die Nordspitze des südamerikanischen Kontinents, wurde dann aber mit seinen Brüdern unter der Anschuldigung der Misswirtschaft in Ketten nach Spanien verbracht. Nach seiner Begnadigung suchte er auf seiner vierten und letzten Reise den Seeweg zum Pazifik, blieb jedoch erfolglos. Stattdessen erkundete er aber die mittelamerikanische Küste. Im Jahr 1504 erreichte er schließlich Spanien, wo er am 20. Mai des Jahres 1506 starb.

War Kolumbus der erste Europäer in Amerika?

Nein, schon fünfhundert Jahre zuvor waren die in der Seefahrt erfahrenen Wikinger bis nach Neufundland vorgestoßen und hatten dort eine nur kurzlebige Siedlung gegründet. Ihre Entdeckung war aber wieder in Vergessenheit geraten. Kolumbus, der eigentlich einen kürzeren Weg in das rohstoffreiche Indien finden wollte, wusste bis zuletzt nicht, dass er einen neuen Kontinent entdeckt hatte. Dies erkannte erst der florentinische Kaufmann und Seefahrer Amérigo Vespucci, der um 1500 von einem Kartographen zum Namenspatron des neuen Kontinents gemacht wurde.

▲ Christoph Kolumbus (1451 bis 1506), Ölbild des Malers Sebastiano del Piombo.

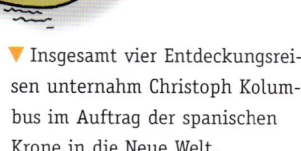

▼ Insgesamt vier Entdeckungsreisen unternahm Christoph Kolumbus im Auftrag der spanischen Krone in die Neue Welt.

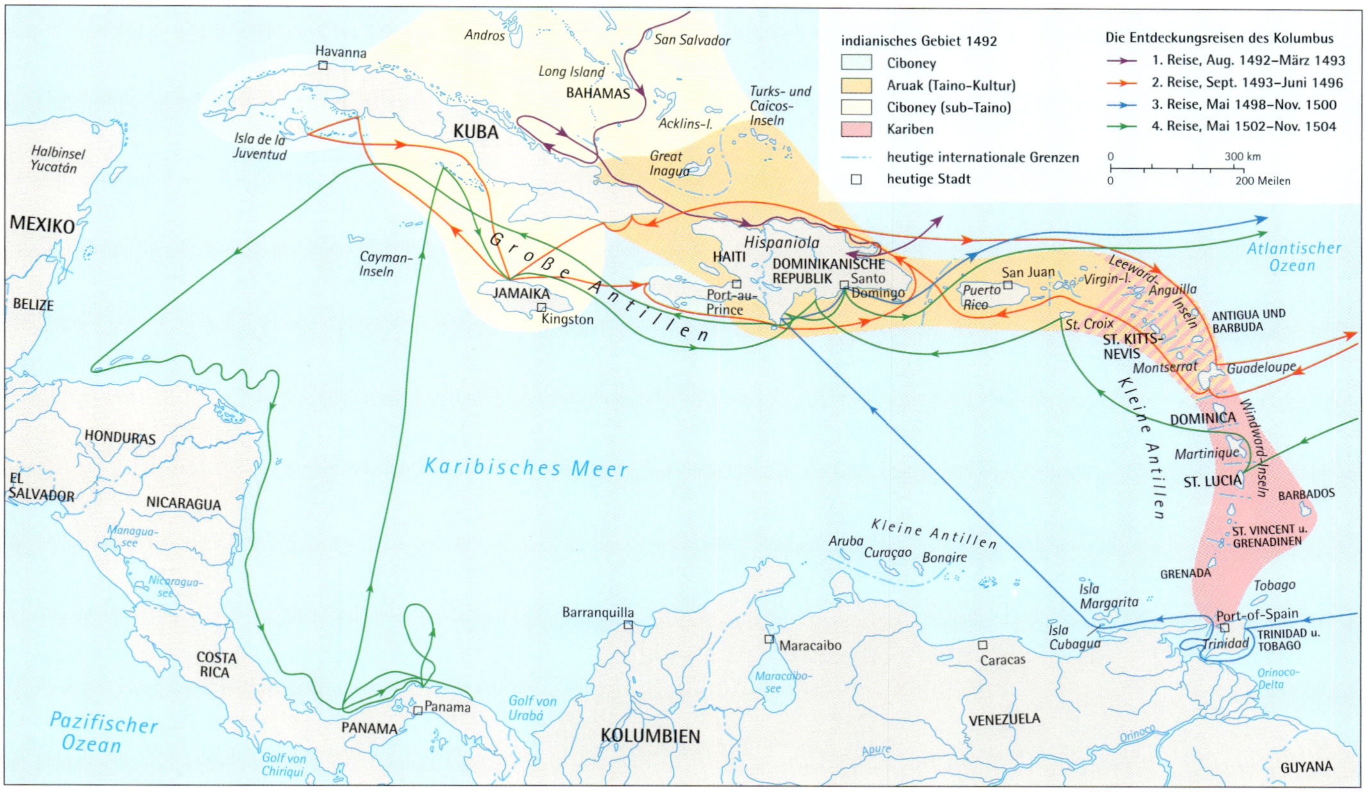

indianisches Gebiet 1492
- Ciboney
- Aruak (Taino-Kultur)
- Ciboney (sub-Taino)
- Kariben
- ‑‑‑ heutige internationale Grenzen
- ☐ heutige Stadt

Die Entdeckungsreisen des Kolumbus
- → 1. Reise, Aug. 1492–März 1493
- → 2. Reise, Sept. 1493–Juni 1496
- → 3. Reise, Mai 1498–Nov. 1500
- → 4. Reise, Mai 1502–Nov. 1504

0 300 km
0 200 Meilen

▲ Am 20. Mai 1498 landete Vasco da Gama in der Nähe von Calicut an der Malabarküste. Der flämische Wandteppich aus dem 16. Jahrhundert zeigt seine Ankunft.

▶ Unter größten Strapazen entdeckte der portugiesische Seefahrer Vasco da Gama (1469–1524) den Seeweg nach Indien.

Auf wen berief sich der Entdecker?

Besonders wichtig war für ihn der portugiesische Prinz Heinrich der Seefahrer (1394 bis 1460). Der war ein großer Förderer von Entdeckungsfahrten, weil er den islamischen Zwischenhandel unterlaufen und die Gewürze direkt in Indien holen wollte. Bei jedem großen Stromdelta hatten die portugiesischen Seefahrer gehofft, Afrika umschifft zu haben. Aber erst 1488 gelang es Bartolomeu Diaz, die Südspitze Afrikas zu umrunden. Mit der Suche nach einem geeigneten Seeweg nach Ostindien wurde dann aber nicht Bartolomeu Diaz, sondern Vasco da Gama beauftragt.

Wie kam Vasco da Gama dazu, nach Indien zu fahren?

König Emanuel I. von Portugal benötigte 1497 für seine Indien-Mission einen bewährten Mann und Vasco da Gama soll im Jahr 1492 bereits in geheimem Auftrag für die Krone unterwegs gewesen sein.

Vasco da Gama war um 1469 in Sines, einer Hafenstadt in Südportugal, auf die Welt gekommen. Seine Mutter stammte aus England. Sein Vater war Adliger und hatte hohe Ämter bekleidet. So war Vasco an den königlichen Hof gekommen.

Welchen Verlauf hatte seine große Reise?

Am 8. Juli 1497 war Vasco da Gama mit drei Schiffen und 170 Mann aufgebrochen. Bartolomeu Diaz riet ihm, Richtung Süden ins offene Meer zu fahren. So kam die Flotte schnell um die Südspitze herum und warf im Januar 1498 an der Sambesi-Mündung Anker. In der ostafrikanischen Hafenstadt Moçambique wurden sie freundlich empfangen, da man sie anfangs für Glaubensgenossen hielt. Die Bewohner der Hafenstadt Malindi hofften, dass die Besucher ihnen gegen das verhasste Mombasa helfen würden. In Malindi heuerte da Gama den arabischen Lotsen Ahmed Ibn

Wusstest du, dass …

▶ ein Versorgungsschiff aus da Gamas Flotte den Proviant für drei Jahre laden musste? Dazu gehörten haltbare Produkte, wie Zwieback, Öl und Wein.
▶ zu Vasco da Gamas Mannschaft auch Schwerverbrecher gehörten? Sie waren als „Himmelfahrtskommando" für die gefährliche Reise freigelassen worden.

Majid ab. Dieser führte die Portugiesen am 28. Mai 1498 zu den indischen Hafenstädten an der gegenüberliegenden Küste.

Hier besaßen islamische Händler mit schlecht bewaffneten Schiffen das Handelsmonopol. Ohne die Hilfe der Radjas, der einheimischen Fürsten, konnten sie die Portugiesen nicht vertreiben.

Der Kontakt der Portugiesen mit den Einheimischen verlief anfangs friedlich, dann verschärfte sich die Lage unter dem Einfluss der islamischen Händler. Der Radja von Calicut ließ Waren beschlagnahmen und Seeleute festnehmen. Mit viel Diplomatie gelang es Vasco da Gama zu entkommen.

Wie viele Seeleute kehrten von der Reise zurück?

Von den 170 Mann, die zu Beginn der Reise dabei waren, überlebten nur 55 die Fahrt. Mitte September 1499 traf das Schiff des Seefahrers nach über zwei Jahren wieder in Lissabon ein. Aufgrund des Monsuns hatten sie viel länger als geplant für den Rückweg von Indien nach Malindi an der afrikanischen Küste gebraucht. Wegen einer Erkrankung seines Bruders machte da Gama dann noch einen Zwischenhalt auf den Azoren.

Für seine Verdienste erhielt Vasco da Gama 1499 den Titel „Admiral des Indischen Ozeans", seine Geburtsstadt Sines als Lehen und eine gute Pension.

Fuhr der Entdecker noch mal nach Indien?

Ja, noch zweimal. 1502 überredete König Emanuel Vasco da Gama zu einer zweiten Fahrt mit 20 schwer bewaffneten Schiffen. An der afrikanischen Küste konnte der Seefahrer verschiedene Fürsten zu Tributzahlungen zwingen. Im Oktober 1502 erreichte die Mannschaft das indische Cananor. Zwar gab es mit Calicut wieder Kämpfe, aber in Cochin errichtete Vasco da Gama die erste portugiesische Handelsniederlassung. Auf dem Rückweg gründete er Niederlassungen in Sofala und in Moçambique. 1524 schickte König Johann III. den erfahrenen Admiral, der inzwischen Vizekönig geworden war, mit 3000 Mann nach Indien. Er bekämpfte dort die Korruption und sorgte für Ordnung.

Wo fand der große Entdecker den Tod?

Von seiner dritten Indienfahrt kam er nicht mehr nach Hause. Er erlag den Strapazen der Reise und starb am 25. Dezember 1524 in Cochin. Seine sterblichen Überreste wurden 1534 in Vidigueira beigesetzt und von dort 1888 ins Hieronymus-Kloster nach Belém gebracht. Der berühmte Seefahrer hatte mit seiner Entdeckung des Seewegs nach Indien die Blütezeit Portugals als Kolonialstaat eingeleitet und dem kleinen Land zu einem goldenen Zeitalter verholfen.

Welchen Nutzen hatte der Seeweg für Portugal?

Portugal stärkte seinen Einfluss in Indien. Zu diesem Zweck fuhr im März 1500 eine Flotte unter der Führung von Pedro Álvares Cabral los. Die Seefahrer gelangten nach Brasilien, das sie offiziell in Besitz nahmen. Unter dem Verlust von vier Schiffen gelangte man im August nach Melinde und wenig später nach Calicut. Dort ließ Cabral arabische Schiffe zerstören und die Stadt mit Kanonen beschießen. Unterstützt wurde er von indischen Konkurrenzstädten, wie Cochin und Cananor. Voll beladen mit Gewürzen kehrte Cabral im Juni 1501 zurück. Das portugiesische Handelsmonopol war geschaffen.

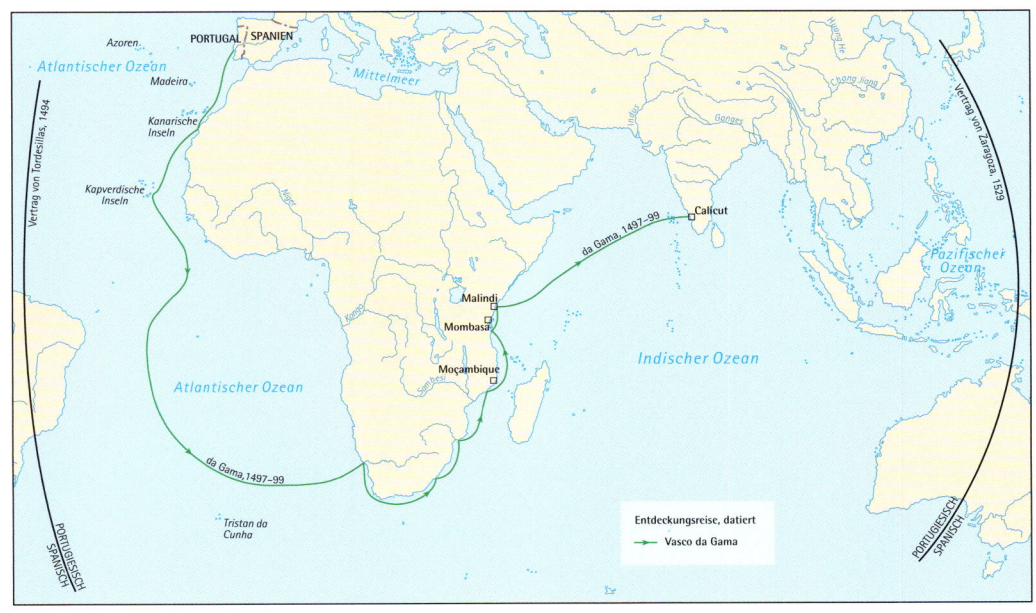

◀ Mit drei Schiffen umsegelte Vasco da Gama, wie auf der Karte zu sehen, das Kap der Guten Hoffnung und erreichte 1497 wohlbehalten die indische Küste.

▲ Fernão de Magellans Schiff
Victoria

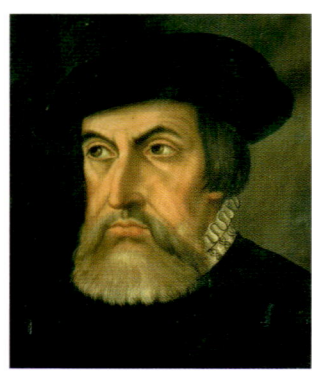

▲ Hernando Cortés
(1485–1547)

Was suchten die Konquistadoren in Amerika?

Nach der Entdeckung Amerikas durch Kolumbus fühlten sich immer wieder mittellose Abenteurer aus Spanien dazu berufen, auf eigene Faust und oft schlecht gerüstet in die Neue Welt vorzustoßen. Dort wollten sie Reichtümer für sich und den spanischen Herrscher gewinnen. Sie waren ausgestattet mit einer behördlichen Lizenz und dem rein formalen Auftrag, Kolonien zu gründen und die heidnische Bevölkerung zu christianisieren. In der Wahl ihrer Methoden hatten sie weitgehend freie Hand.

Wie eroberte Hernando Cortés Mexiko?

Von Kuba aus unternahm Cortés im Jahr 1519 einen Eroberungszug gegen Mexiko. Sein Vorhaben galt als wahnwitzig, weil ihm lediglich elf Schiffe, 600 Soldaten, 14 Geschütze und 16 Pferde zur Verfügung standen, um das Millionenreich zu unterwerfen. Dennoch gelang es ihm, am 8. November 1519 Tenochtitlán, die Hauptstadt des Azteken-Reiches, zu erreichen und den Herrscher Motecuzoma gefangen zu nehmen. Von erschütternder Wirkung auf die Azteken waren die Reiter – Pferde waren in Mexiko unbekannt – und die Feuerwaffen der Eroberer. Dazu kam, dass von den Spaniern eingeschleppte Krankheiten, vor allem die Pocken, viele Ureinwohner dahinrafften.

▲ Francisco Pizarro
(1476 oder 1478–1541)

Wie eroberte Pizarro das Inkareich Peru?

Pizarro brach im Januar 1531 mit nur drei Schiffen, 180 Mann und 37 Pferden auf, um das Inkareich Peru zu erobern. Auf seinem Feldzug nahm er den Inkaherrscher Atahualpa gefangen, dem er die Freiheit versprach, wenn er ein ganzes Zimmer mit purem Gold füllte. Der Inka brachte das Gold auf – trotzdem ließ Pizarro ihn hinrichten und zog im November 1533 in die Hauptstadt Cuzco ein.

Sind diese Entdecker zu bewundern?

Sicher haben die Beutezüge der spanischen Truppen dazu beigetragen, die geografischen Kenntnisse über Mittel- und Südamerika zu verfeinern. Aber die Konquistadoren strebten ausschließlich nach Gold und neuen Kolonien zur Sicherung von Rohstoffquellen. Dabei gingen sie gnadenlos vor. Gerade die Feldzüge von Pizarro und Cortés waren besonders zerstörerisch.

Wer stritt um die Kolonien?

Nach der Entdeckung des Kolumbus verschärfte sich der Konflikt zwischen Portugal und Spanien wegen der überseeischen Gebiete. Daher wurde der Papst als Schiedsrichter angerufen. Im Vertrag von Tordesillas wurde die portugiesische von der spanischen Interessensphäre geschieden. Deswegen spricht man heute in Brasilien Portugiesisch und im restlichen Lateinamerika Spanisch.

Wie entdeckte Magellan das Reisen?

Fernão de Magellan (spanisch Fernando de Magallanes, auch Magalhães) entstammte einer vornehmen Familie aus Sabrosa bei Vila Real im nördlichen Portugal. In seiner Jugend diente er als Page am portugiesischen Hof und begleitete im Jahr 1505 Francisco de Almeida auf seiner Fahrt nach Indien. Sieben Jahre lang nahm er an Kämpfen teil.

Wie endeten die Azteken?

Viele wurden ermordet. Doch auch unter den spanischen Konquistadoren waren die Verluste hoch. Ein Aufstand, bei dem Motecuzoma getötet wurde, zwang Cortés, sich in der Nacht des 1. Juli 1520 aus der Hauptstadt zurückzuziehen. In dieser „Noche Triste" (traurige Nacht) verlor er über die Hälfte seiner Leute. Mit weiteren Kräften brach er jedoch bereits nach wenigen Monaten zu einem neuen Feldzug auf. An dessen Ende am 13. August 1521 war die Eroberung Mexikos vollendet und das Reich der Azteken zerstört. Cortés starb 1547 in Spanien.

Warum ging Magellan nach Spanien?

Er wollte dem spanischen König Karl I. seine Dienste anbieten. Mit Hilfe Ruy Faleiros, eines portugiesischen Astrologen und Kosmographen, überzeugte er den König davon, dass die begehrten Gewürzinseln (Indonesien) innerhalb der spanischen Einflusszone lagen.

Sein Plan sah vor, einen Weg südlich um Amerika herum in den Pazifik zu finden. Er hoffte, den Indischen Ozean und die Gewürzinseln in kurzer Zeit erreichen und für Spanien in Besitz nehmen zu können. König Karl erklärte sich schließlich bereit, fünf Schiffe bereitzustellen, die am 20. September 1519 Sanlúcar de Barrameda verließen. Die Flotte überquerte den Atlantik und erreichte die Küste Brasiliens.

Welche Route nahmen Magellans Schiffe?

Im Frühjahr 1520 setzte Magellan sein Unternehmen fort. Bei 49,5 Grad südlicher Breite wurde endlich ein Weg in den Pazifik gefunden. Wiederholt kam es zur Meuterei auf einem der Schiffe. Die Flotte segelte durch die heute als Magellanstraße bekannte Durchfahrt in den dahinter liegenden Ozean. Der Entdecker nannte ihn wegen der ausnahmsweise ruhigen See den „Stillen" (= Pazifik). Während der langen Fahrt durch die endlosen Wasserwüsten gingen der Mannschaft die Vorräte aus, viele der Männer starben. Am 6. März 1521 erreichten die Schiffe schließlich die Marianen, damals Ladronen, und zehn Tage später die Lazarusinseln, die heutigen Philippinen.

Wie starb Magellan?

Magellan hatte sein Vorhaben verwirklicht. Während einer Stammesfehde auf der Insel Mactan (bei Cebu) fiel er am 27. April 1521 im Kampf mit den Eingeborenen. Juan Sebastián del Cano übernahm die Führung, musste aber ein weiteres Schiff aufgeben. Er setzte Segel Richtung Gewürzinseln, wo die „Trinidad" und die „Victoria" mit Gewürzen beladen wurden. Die „Trinidad" schlug dabei leck und musste zurückgelassen werden. Der „Victoria" gelang es, das Kap der Guten Hoffnung zu umsegeln und am 6. September 1522 heimzukehren. In zwei Jahren, elf Monaten und zwei Wochen war der „Victoria" damit die erste Weltumseglung gelungen.

▲ Fernão de Magellan (1480–1521)

Wusstest du, dass …

► die Eingeborenen von Rio de Janeiro die portugiesischen Seefahrer für Götter hielten, weil sie anscheinend den lang entbehrten Regen mitgebracht hatten?

► nur vier Besatzungsmitglieder des Flaggschiffes „Trinidad" nach Spanien zurückkehrten?

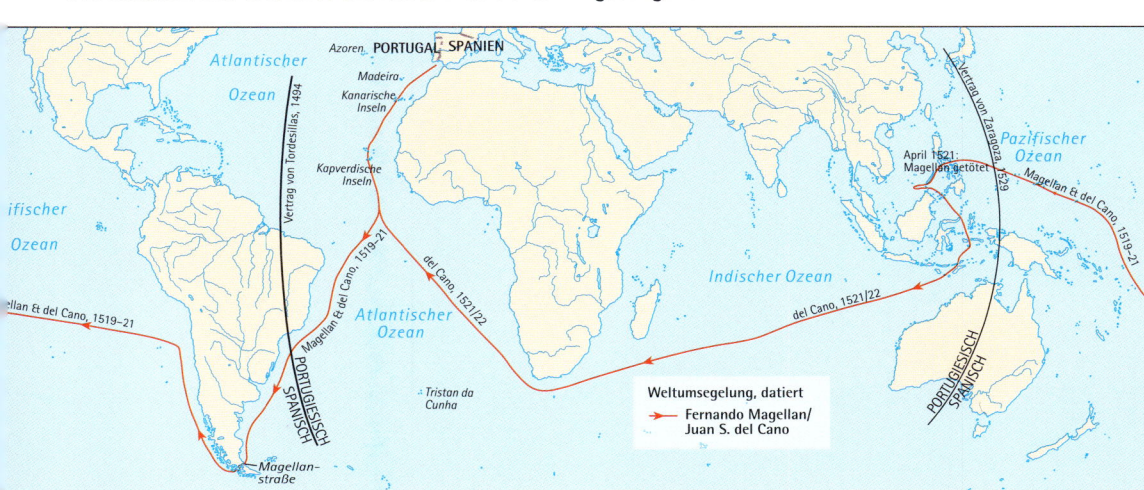

◄ Magellans historische Runde bei der Weltumsegelung

sich Cook mit viel Fleiß erarbeitet hatte. Intensiv lernte er vor allem Mathematik und Astronomie. 1759 war es dann so weit: Cook erhielt sein erstes Kommando und galt bald als talentierter, besonnener Segler und hervorragender Kenner der Seevermessung. Cook nutzte dabei die neuen Erfindungen des Sextanten und des Schiffschronometers, die eine genaue Ortsbestimmung auf See möglich machten.

Welchen geheimen Auftrag bekam der Kapitän?

1768 sollte Cook die südpazifischen Gewässer erkunden. Offiziell sollte er mit britischen Astronomen zur Insel Tahiti segeln, um dort den Venusgang durch die Sonne zu beobachten. Aber er hatte auch die streng geheime Anweisung erhalten, einen neuen Kontinent, Südland, zu finden. Damals wusste man noch nicht, dass Neuseeland aus zwei Inseln bestand. Man ging von einer einzigen aus, von der man vermutete, sie sei der nördliche Teil eines südlichen Kontinents. Im Hochsommer 1768 stach die „Endeavour", ein Segelschiff mit zwei starken Masten, in See. An Bord war unter anderen auch der Botaniker Joseph Banks. Diese Reise, die die Mannschaft einmal um die Erde führte, dauerte fast drei Jahre.

▲ 1768 erhält der britische Seefahrer James Cook (1728 bis 1779) den Geheimauftrag, einen Kontinent zu finden, von dem man glaubte, dass es ihn gab und den man Südland nannte.

War James Cooks Vater ein Seefahrer?

Nein. Der Mann, der einmal auf seinen Seereisen so weit wie keiner vor ihm vordringen sollte, war 1728 in Nordengland als Sohn eines schottischen Landarbeiters geboren worden. Niemand wird vermutet haben, dass der kleine James aus einfachen Verhältnissen einmal zu den ganz Großen zählen sollte. Zunächst hatte seine berufliche Karriere ganz standesgemäß begonnen. Als er zwölf Jahre alt war, kam er zu einem Kurzwarenhändler in die Lehre. Mit 18 Jahren zog es ihn dann auf die Meere, und er heuerte als Schiffsjunge an Englands Nordküste an.

Wie kam der junge James zur See?

James Cook hatte es sich in den Kopf gesetzt, auf dem Meer sein Glück zu machen. Er verließ die Handelsmarine und ging als Matrose zur Royal Navy, der Kriegsmarine seines Landes und fand dort sein Glück. Trotz seiner „niedrigen Herkunft" – die Engländer hielten sich zu damaliger Zeit noch streng an Standesregeln – wurde er innerhalb kürzester Zeit zum Kapitän befördert – ein ungewöhnlicher Aufstieg, den

Wo kreuzte die „Endeavour"?

Durch den Ärmelkanal ging es über den Atlantischen Ozean gen Süden, Richtung Südamerika. Nach der Umrundung von Kap Hoorn segelte das Schiff in den Pazifik und weiter nach Tahiti. Cook nannte diese Inselwelt „Gesellschaftsinseln", weil sie sehr dicht beieinander liegen. Auf der Suche nach dem vermeintlichen Südland kam die Mannschaft bis zum 40. Breitengrad, und damit so nah an den Südpol wie keiner vorher. Das kalte Wetter, ein heftiger Sturm und die Gewissheit, kein Land mehr zu finden, ließen Cook nach Westen abdrehen. Sie kamen nach Neuseeland und erkundeten später die bis dahin unerforschte Ostküste Australiens mit dem Great Barrier Reef. Zurück ging es durch die Torresstraße zwischen Australien und Neuguinea.

▼ Neuseeland ehrt den großen Seefahrer mit dem Bild seines Schiffs auf der 50-Cent-Münze.

Wusstest du, dass ...

▶ James Cook zum Schutz vor der Mangelkrankheit Skorbut vitaminreiche Nahrung mitführte? Da Obst nicht lange genug haltbar ist, nahm er Malz, Sauerkraut und später auch eine Zubereitung aus Karotten mit!

▶ der Seefahrer auf seiner zweiten Reise von dem bedeutenden preußischen Schriftsteller und späteren Revolutionär Georg Forster begleitet wurde?

▶ Cook sechs Kinder hatte, die alle früh starben?

◀ Die „Endeavour" gehört zu den berühmtesten Schiffen in der Geschichte der Seefahrt. Am 2. Oktober 1994 konnte dieser Nachbau des Seglers – hier in seinem Heimathafen Sydney – zu seiner Jungernfahrt aufbrechen.

Entdeckte Cook den Kontinent Südland?

Die alte Vorstellung von einem riesigen Südland war tatsächlich falsch. Dies erkannte James Cook, als er den 40. Breitengrad erreicht hatte und zu der Überzeugung kam, in dieser Kälte kein Land mehr zu finden. Cook entdeckte auf seiner Weiterfahrt jedoch, dass Neuseeland aus zwei Inseln besteht und zu keinem großen südlichen Kontinent gehört.

Was erlebte die Mannschaft auf See?

Die drei Jahre andauernde Reise war gewiss voller Mühen und Anstrengungen, vor allem jedoch bot sie neue Eindrücke, abenteuerliche

Entdeckungen und Überraschungen. Zum ersten Mal rastete die Mannschaft nach fünf Monaten auf See in Feuerland, der südlichsten Spitze Südamerikas. Dieser Halt diente zum Beschaffen von Nachschub: Man benötigte Holz, Wasser und Lebensmittel. Zwei der Helfer fielen den heftigen Kapstürmen und der Kälte zum Opfer. Die Nähe zur Arktis hatte ihren Tribut gefordert.

Der Weg nach Norden führte die Mannschaft am Great Barrier Reef vorbei, einem riesigen System aus Korallenfelsen. Dabei schlug die „Endeavour" leck. Es verging geraume Zeit, bis das Schiff repariert war und wieder in See stechen konnte.

Wie fand Cook den Tod?

Insgesamt unternahm Cook drei ausgedehnte Reisen in den Pazifik. Er drang so weit in die arktischen Eiswelten vor wie keiner jemals vor ihm. Auf seinen Fahrten kartografierte er den Ozean so genau, dass seine Seekarten noch Jahrzehnte nach seinem Tod benutzt wurden. Von seiner dritten Reise kehrte er nicht mehr nach Hause zurück. Hawaiianer hatten ihn umgebracht. Er starb im Alter von 51 Jahren.

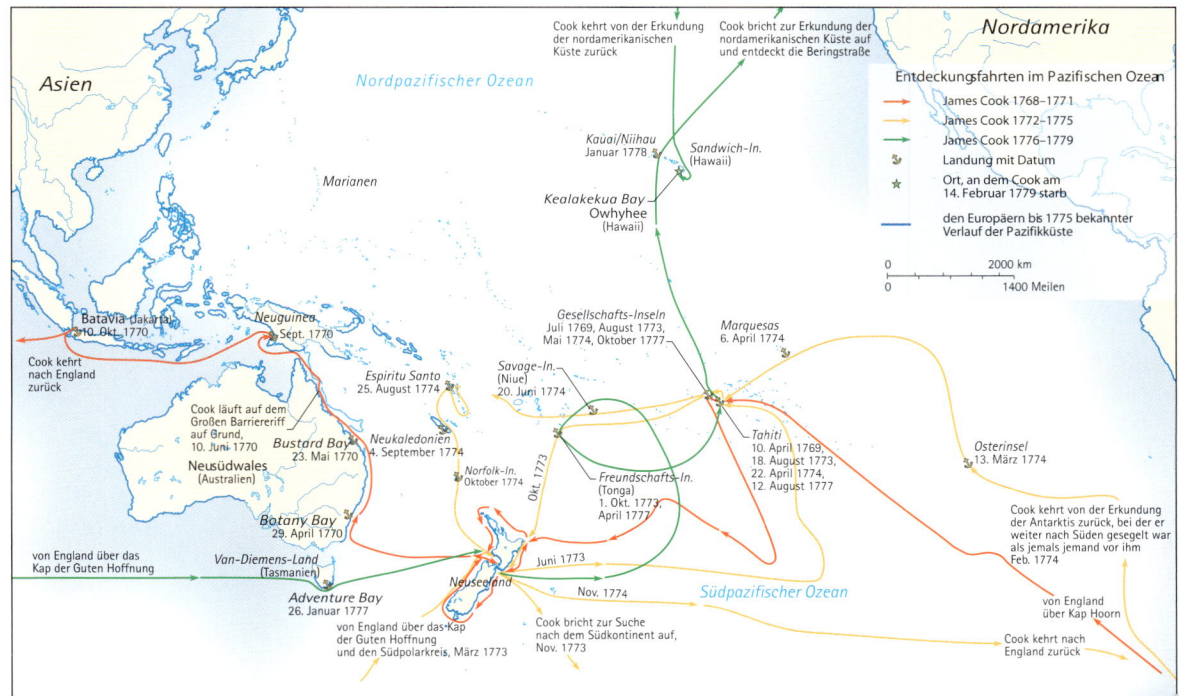

◀ Für seine Reisen in die Südsee wählte James Cook verschiedene Reiserouten, die sich jedoch an zwei Stellen kreuzen: Neuseeland und Tahiti besuchte er bei allen drei Expeditionen.

▲ Heinrich Schliemann entdeckte in den 1870er Jahren die Überreste der antiken Stadt Mykene in der Ebene von Argos. Das Gräberrund A umfasst die Grabstätten der Könige. Hier fand der Archäologe die berühmte „Goldmaske des Agamemnon".

Wie entstand Schliemanns Traum von Troja?

Grund für Schliemanns Sehnsucht nach Troja war eine Abbildung in einem Schulbuch. Im Alter von sieben Jahren sah er in einem Geschichtsbuch eine Darstellung des brennenden Troja. Zu jenem Zeitpunkt galt die Stadt als Legende. Doch den Jungen ließ die Vorstellung nicht mehr los, dass Homer das alles nicht erfunden hatte, dass der Schauplatz des Trojanischen Kriegs nicht nur Teil einer Heldensage war. Es dauerte Jahrzehnte, aber dann konnte Heinrich Schliemann beweisen, dass er Recht hatte.

Besuchte der junge Mann die Universität?

Nein. Schliemann wurde am 6. Januar 1822 im mecklenburgischen Neubukow als Sohn eines Pfarrers geboren und bereits als 14-Jähriger verließ er seine heimatliche Umgebung. Man schickte ihn nach Fürstenberg in der Uckermark, wo er in einem Laden als Lehrling anfing. Nach fünf Jahren hielt es ihn nicht mehr in den engen Verhältnissen. Er zog los, um sein Glück anderswo zu suchen. Die ersten Stationen waren Rostock und Hamburg, dann folgte Amsterdam. Hier fand er 1844 eine Anstellung in einem großen internationalen Handelshaus. Nebenbei begann er, sich mit Sprachen zu beschäftigen. Es heißt, Schliemann habe am Ende bis zu 20 Fremdsprachen beherrscht – die Aus-

▲ Er stammte aus kleinen Verhältnissen, machte als Kaufmann ein Vermögen und erwarb sich durch seine Ausgrabungen Weltruhm: Heinrich Schliemann (1822–1890).

sagen darüber variieren. Wie dem auch sei: Dieser junge Kaufmann war sprach- und weltgewandt, er fand sich überall zurecht – eine Fähigkeit, die ihm im Geschäftsleben und bei der Realisierung seines großen Traums zugutekommen sollte.

Wie kam Schliemann zu seinem Vermögen?

1846 bot sich die Chance seines Lebens: Das niederländische Handelshaus beschloss, eine Niederlassung in Russland zu gründen, und übertrug die Aufgabe an Schliemann. Er ging nach Sankt Petersburg, erledigte seinen Auftrag und machte sich dort ein Jahr später mit einem eigenen Unternehmen selbstständig. Die

Wusstest du, dass …

▶ Schliemann aus Geldmangel kein Gymnasium besuchen konnte?
▶ der Kaufmann nach Erwerb seines Vermögens an der Pariser Sorbonne Altertumswissenschaften studierte? 1869 promovierte er in Rostock zum Dr. phil.
▶ Schliemann bei seinen ersten Grabungen in Troja wichtige Zeugnisse der Antike zerstörte?
▶ der Archäologe um den in Troja gefundenen „Schatz des Priamos" einen Prozess gegen das Osmanische Reich führte? Schließlich bezahlte er für seinen Fund.

Geschäfte liefen gut. Schliemann reiste und sah viel von der Welt. Bald war er ein vermögender Mann, so vermögend, dass er sich 1864 ins Privatleben zurückziehen konnte.

Wie fand der Kaufmann das antike Troja?

Bei seiner Suche verließ sich Schliemann ganz auf die geografischen Angaben Homers. Und die führten ihn zum Ruinenhügel bei dem Dorf Hissarlik, wo 1870 die ersten Voruntersuchungen durch Probegrabungen begannen – eine zu dieser Zeit völlig neue Vorgehensweise. Dann aber war er sicher: Hier unter der Erde lagen die Ruinen des alten Troja. Die Grabungen zogen sich über mehr als 20 Jahre hin. Es wurden Überreste mehrerer antiker Siedlungen gefunden, eine davon war in der Tat das Troja, von dem Homer erzählt.

Inzwischen war Schliemann nach Athen umgesiedelt und hatte eine schöne junge Griechin geheiratet. Von Athen aus unternahm er seine zahlreichen Forschungsreisen, die ihn keineswegs nur nach Troja führten. Auf den Spuren des sagenhaften Königs Agamemnon grub er ab 1876 in Mykene. Ans Tageslicht kamen der königliche Palast, viel Gold und Geschmeide sowie die berühmte „Maske des Agamemnon". Weitere bedeutende Grabungen fanden von 1880 bis 1886 in Orchomenos statt und 1884/85 in Tyrins.

▲ Nachbau des Trojanischen Pferds. Glaubt man der antiken Sage, dann versteckten sich im Inneren eines solchen Holzpferdes, das dem belagerten Troja geschenkt wurde, feindliche Soldaten.

Mit welchen Methoden erforschte Schliemann Troja?

Schliemanns archäologische Methoden waren recht modern. Die erfolgreiche Suche nach Troja beruhte auf genauer Analyse der Epen Homers. Statt die im 8. Jahrhundert v. Chr. entstandenen Schriften einfach als Sagen abzutun, überprüfte Schliemann sie nach brauchbaren geografischen Hinweisen. Auch in der Feldarchäologie ging er neue Wege und legte den Grundstein der modernen archäologischen Forschung: So untersuchte er das Grabungsgelände zunächst durch Probegrabungen. Als erster erkannte er die Bedeutung der Stratigrafie, des Prinzips der Schichtenfolge, nach dem jüngere Schichten auf älteren liegen. Zur Bestimmung und Datierung einzelner Schichten suchte er nach „Leitkeramiken" und setzte nicht zuletzt auf die Zusammenarbeit mit Forschern anderer Disziplinen, etwa mit Philologen, Anthropologen und Experten für antike Inschriften.

Was bedeutet er für die Forschung?

Neben der Entdeckung Trojas – für sich schon eine Jahrhundertsensation – gelang es Schliemann durch seine Grabungen, der Wissenschaft viele Informationen über die antike Welt zugänglich zu machen. Seine Arbeit bedeutete zugleich für die Archäologie methodisch einen Sprung nach vorn. Ab 1880 stand ihm der Archäologe Wilhelm Dörpfeld (1853–1940) als Assistent zur Seite. Gemeinsam setzten sie neue Grabungsmethoden erstmals ein, die heute zum Standard der Forschung gehören und die ihn für viele zum Vater der modernen Archäologie machen.

Woran starb der Archäologe?

In den letzten Jahren seines Lebens quälte Heinrich Schliemann ein Ohrenleiden. Er konsultierte Spezialisten in ganz Europa und ließ sich 1890 in Halle operieren. Auf der Heimreise nach Athen machte er Station in Neapel. Dort brach er – wohl infolge des Eingriffs – am 25. Dezember 1890 zusammen und verstarb am darauf folgenden Tag.

▲ Die sogenannte Goldmaske des Agamemnon aus einem der Schachtgräber im Gräberrund A von Mykene befindet sich heute im Archäologischen Nationalmuseum Athen.

▲ Auf dem Weg zum Südpol – Roald Amundsens Expedition war vier Wochen früher am Ziel als die Briten unter Robert Scott.

Was wollte Nansen in Grönland?

Seit Jugendtagen kannte der Polarforscher, Zoologe, Ozeanograf und Staatsmann nur ein Ziel: die Erforschung des nördlichen Polargebietes. 1888 überquerte er als Erster auf Hundeschlitten von Ost nach West das 3000 Meter hohe Inlandeis Grönlands. Doch das war nur die Vorbereitung auf ein viel anspruchsvolleres Unternehmen. Er fasste den Plan, sich mit einem Schiff vom Packeis bis in die Nähe des Nordpols treiben zu lassen und die restliche Strecke zu Fuß zu bewältigen. Nansen konnte als angesehener Wissenschaftler die norwegische Regierung überzeugen, ihm ein Schiff zu finanzieren, das für die Driftfahrt durch das Nordpolarmeer konstruiert wurde.

Erreichte Nansen den Nordpol?

Nein. Am 24. Juli 1893 verließ die „Fram" den Osloer Hafen. Im September war Kap Tscheljuskin erreicht, der nördlichste Punkt des sibirischen Festlands. Wenige Meilen östlich geschah, worauf Nansen gewartet hatte: Die „Fram" wurde von den Eismassen eingeschlossen und bis auf die Höhe von Franz-Joseph-Land getrieben, wo Nansen am 14. März 1895 sein Schiff verließ. In Begleitung von Leutnant Hjalmar brach er mit drei Schlitten und 28 Hunden in Richtung Nordpol auf. Die beiden Forschungsreisenden gelangten aber nur bis zu 86° 14' nördlicher Breite und mussten dann umkehren.

▲ Der norwegische Polarforscher, Zoologe und Staatsmann Fridtjof Nansen (1861–1930) wurde 1922 mit dem Friedensnobelpreis geehrt.

In Hammerfest hörte Nansen, dass die „Fram" bis zu 85° 57' nördlicher Breite getrieben war und nun unbeschädigt im Hafen von Tromsö liege. Am 9. September 1896 trafen die Polarforscher wohlbehalten in Oslo ein. Auch wenn sie den großen Plan, den Nordpol zu erreichen, nicht verwirklichen konnten, ist ihre Leistung zu würdigen.

Wie wurde Amundsen zum Polarforscher?

Eher aus Zufall. Ebenso von großem Forscherdrang und nicht weniger großer Abenteuerlust getrieben war Fridtjof Nansens Landsmann Roald Amundsen. Nachdem er sein Medizinstudium abgebrochen hatte, begleitete der junge Amundsen von 1897 bis 1899 den belgischen Forscher Adrien de Gerlache auf dessen Antarktisexpedition und studierte anschließend in Deutschland Geophysik. Im Jahr 1903 gelang es ihm, mit einem ehemaligen Walfangschiff,

Wie endete Amundsen?

Er ist verschollen in der Barentssee. Am 23. Mai 1928 beabsichtigte Nobile, den Flug über den Nordpol mit einer rein italienischen Mannschaft zu wiederholen. Ein Schneesturm zwang das Luftschiff „Italia" zur Notlandung. Erst 15 Tage nach dem Unglück gelang es dem verletzten Nobile, über Funk Hilfe anzufordern. Sofort startete Amundsen zu einem Flug zur Rettung der italienischen Kameraden. Seither ist der Bezwinger des Südpols verschollen. Suchtrupps entdeckten Überreste seiner Maschine am 18. Juni 1928 in der Barentssee. Nobile wurde fünf Tage später von der Mannschaft eines schwedischen Frachters gerettet.

das einen starken Motor besaß, innerhalb von drei Monaten erstmals die gesamte Nordwestpassage vom Atlantik bis zum Pazifik zu durchfahren.

Eigentlich wollte Roald Amundsen mit Nansens Schiff „Fram" 1910 bis in die Beringstraße fahren, um von dort aus den Nordpol zu erreichen. Als er jedoch davon hörte, dass der englische Polarforscher Robert Falcon Scott (1868–1912) eine Expedition zum Südpol ausrüstete, änderte Amundsen seinen Plan. Er wollte Scott unbedingt zuvorkommen und als Erster den Südpol erreichen.

Wodurch gewann Amundsen den Wettlauf zum Südpol?

Er verfolgte die bessere Planung. Nach sorgfältigen Vorbereitungen brach Amundsen am 19. Oktober 1911 mit vier Begleitern und 50 Schlittenhunden von der Walfischbucht aus in Richtung Südpol auf. Am 13. Dezember passierte die Expedition 89° 37' südlicher Breite und erreichte einen Tag später ihr Ziel – vier Wochen vor Scott und seinen zwölf Gefährten. Nach dem Einsetzen der norwegischen Flagge nahm Amundsen im Namen seiner Regierung Besitz vom Land um den Südpol und

nannte es König-Haakon-VII.-Plateau. Am 17. Dezember traten die Norweger den Rückmarsch an und erreichten ohne größere Schwierigkeiten wieder die Walfischbucht. Scott jedoch starb enttäuscht und völlig entkräftet auf dem Rückweg vom Südpol.

Bekam Amundsen auch den Nordpol zu sehen?

Ja, aber nicht, wie der Entdecker und Abenteurer es sich gewünscht hatte, auf einer Expedition, sondern aus der Luft bei seinem Versuch, den Nordpol zu überfliegen. Mit dem Schiff „Maud" wiederholte Amundsen 1918 Nansens Vorstoß zum Nordpol, aber ungünstige Eisverhältnisse zwangen ihn zum Abbruch. Nun nahm er sich vor, über den Nordpol zu fliegen. Am 21. Mai 1925 hob er in Spitzbergen in einem Amphibienflugzeug ab, musste aber 250 Kilometer vor dem Ziel notlanden.

Ein Jahr später startete Roald Amundsen den nächsten Versuch. Zusammen mit dem Amerikaner Lincoln Ellsworth und dem Italiener Umberto Nobile gelang ihm im Luftschiff „Norge" tatsächlich der Flug über den Nordpol. Von Spitzbergen aus hatten sie Kurs auf Alaska genommen, wo sie schließlich auch sicher landeten.

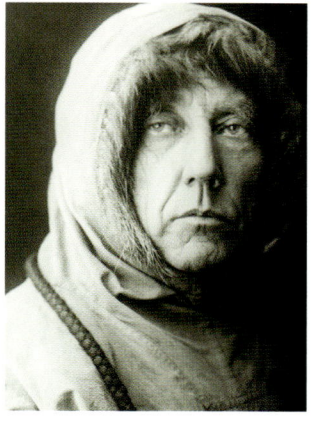

▲ Der norwegische Polarforscher Roald Amundsen (1872–1928) zählt zu den großen Entdeckern des 20. Jahrhunderts. Als Erster durchfuhr er im Jahr 1903 die Nordwestpassage, als Erster erreichte er 1911 den Südpol.

▼ Die Karte zeigt die Routen von Amundsen und Scott bei ihrem Wettlauf zum Südpol.

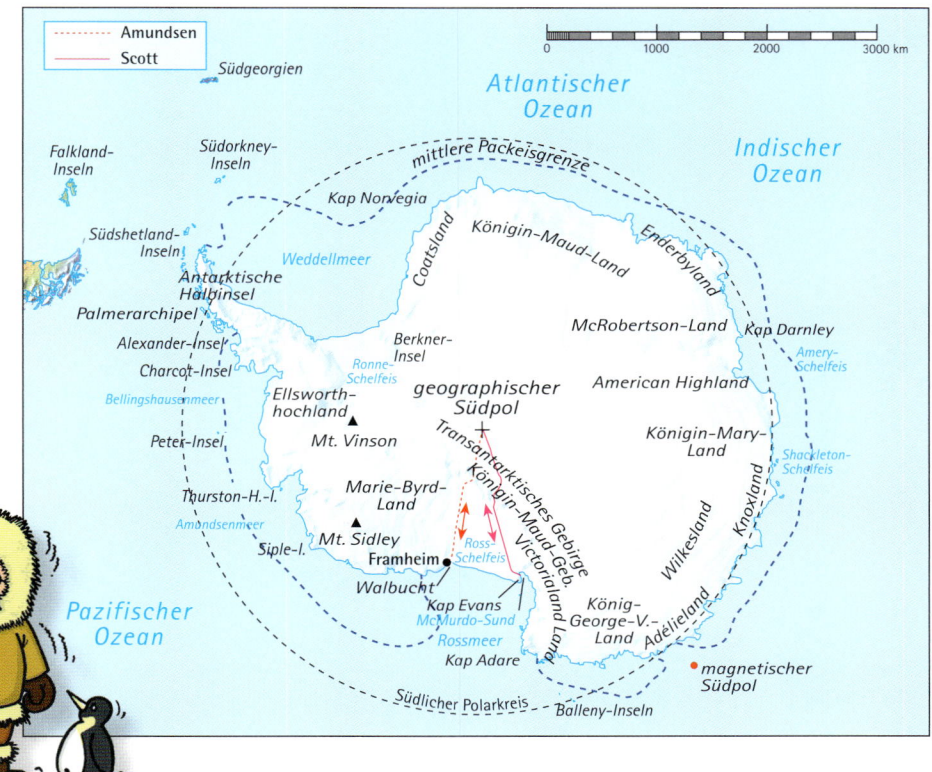

Erfinder und Vordenker

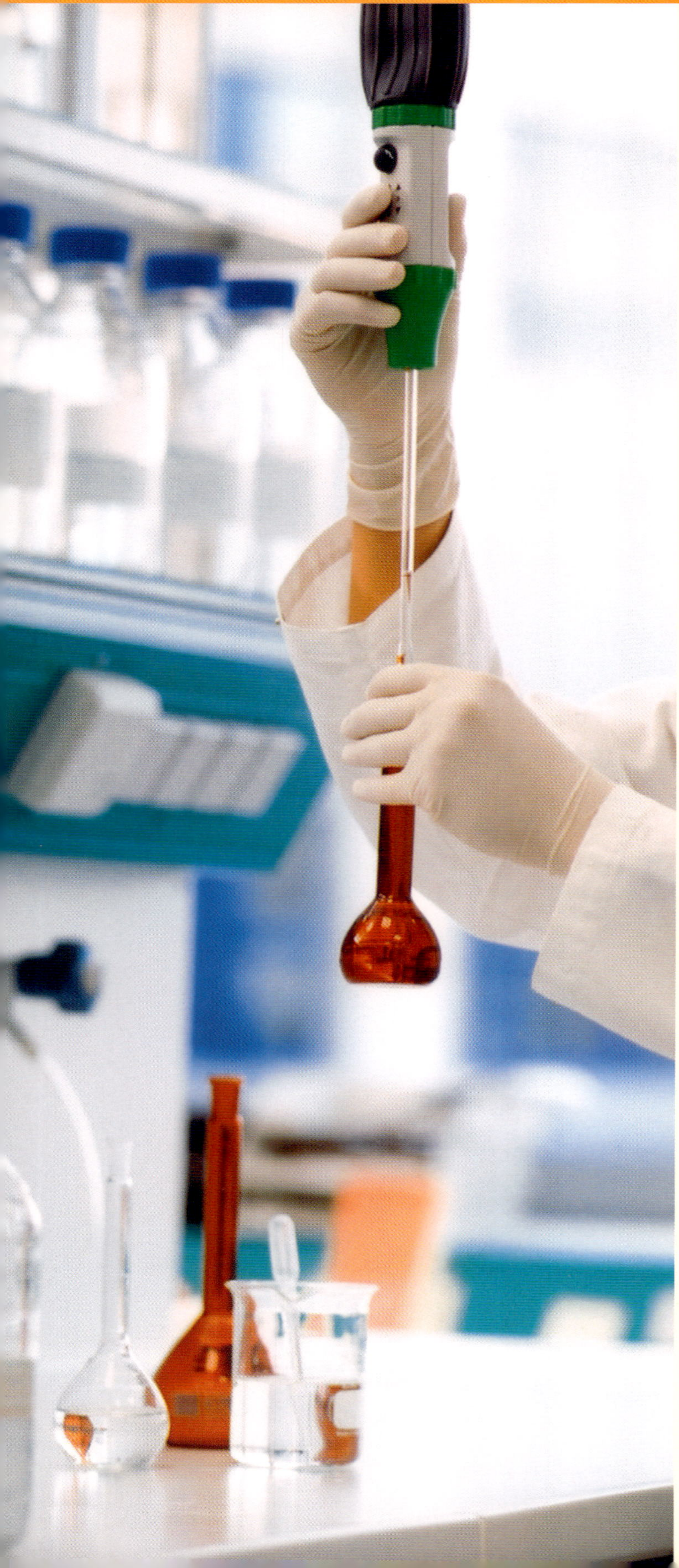

Die Geschichte der Technik beginnt in grauer Vorzeit: Als die Menschen ihre ersten Werkzeuge herstellten, wurden sie zu Erfindern. Es gab immer Visionäre und Denker, die sich Gedanken über die Welt und die Menschen machten und dadurch Einfluss auf Politik, Gesellschaft, Wissenschaft und Technik ausübten. In diesem Kapitel werden wir einige der ganz großen Köpfe kennenlernen, von deren Erkenntnissen und Entwicklungen wir noch heute profitieren.

In der Schule lernen wir den „Satz des Pythagoras" (um 580–um 496 v. Chr.), des großen Philosophen und Mathematikers der Antike. Noch heute legen alle Mediziner den „Eid des Hippokrates" ab. Der heilkundige Hippokrates (460–377 v. Chr.) war der erste, der Krankheiten auf wissenschaftliche Art zu behandeln suchte. Die Erkenntnisse des Mathematikers und Astronomen Archimedes (um 285–212 v. Chr.) begegnen uns in der Physik.

Im Mittelalter erfand Johannes Gutenberg (um 1400–1468) den Buchdruck mit beweglichen Lettern, dadurch wurde die Herstellung von Büchern sehr viel günstiger, so dass sich nicht mehr nur die ganz Reichen das Lesen leisten konnten.

Im Bereich des Universums hatte Ptolemäus (um 90–160) große Erkenntnisse. Er dachte jedoch, dass die Erde der Mittelpunkt des Universums sei und sich alle Planeten um ihn kreisten. Kopernikus (1473 bis 1543) erkannte schließlich, dass die Erde sich wie die anderen Planeten um die Sonne bewegt. Zur modernen Kosmologie (der Lehre vom Aufbau des Weltalls und seiner Einordnung in Raum und Zeit) sind Keplers (1571–1630) Erkenntnisse zu zählen, der Irrtümer des Kopernikus korrigierte und dessen Forschungen noch immer Gültigkeit haben.

◄ Zu allen Zeiten und in allen Kulturen befassten sich die Menschen mit der Heilkunst. In der westlichen Welt tun dies heute vor allem Forscher in den medizinischen Labors.

Auch die Forschungen von Isaac Newton (1643 bis 1727) begegnen uns noch heute im Physikunterricht: in der Optik und der Mechanik.

James Watt (1736–1819) erfand die Dampfmaschine – ein Meilenstein im Fortschritt der Industrie. Für die Erfindung der Glühbirne, die aus unserem Leben nicht mehr wegzudenken ist, war Thomas Alva Edison (1847–1931) verantwortlich. Und dass wir heute so selbsverständlich Autos fahren, wäre ohne Gottlieb Daimler (1834–1900), Karl Benz (1844–1929) und Henry Ford (1863–1947) nicht möglich. Den Traum vom Fliegen erfüllten sich Otto Lilienthal (1848 bis 1896) und die Gebrüder Wright (Wilbur Wright, 1867–1912 und Orville Wright, 1871 bis 1948).

Weiter geht es mit den Physikern Max Planck (1858 bis 1947), dem Begründer der Quantenphysik, und Marie Curie (1867–1934) und ihren Erfolgen in der Strahlenforschung und der Atomphysik.

In der Medizin setzte Robert Koch (1843–1910) einen Meilenstein mit seiner Entdeckung des Tuberkulose-Bazillus, der zu seiner Zeit für viele Menschen den Tod bedeutete. Einen ebenso großen Beitrag zur Medizin leistete Wilhelm Conrad Röntgen (1845–1923), dessen Name den meisten schon einmal begegnet ist, die sich einen Knochen verletzt haben und „geröntgt" wurden.

Auch von Albert Einstein (1879–1955) haben die meisten schon einmal gehört. Der Physiker hatte bahnbrechende Erkenntnisse im Bereich der Kosmologie. Ebenso Stephen Hawking (geb. 1942) von dem wir einiges über Schwarze Löcher erfahren durften.

Wer auch nicht fehlen darf, ist Bill Gates (geb. 1955), der ein einfach zu bedienendes Betriebssystem für Computer entwickelte. „Windows" ist den meisten von uns ein Begriff.

▲ Für Alberto Santos-Dumont wurde der Traum vom Fliegen wahr. Hier kreist er mit seinem Luftschiff Nr. 6 am 27. Januar 1902 über dem Golf von Monaco.

▶ Manche Erfindungen sind aus unserem Leben nicht mehr wegzudenken, wie zum Beispiel das Fahrrad. Das Bild zeigt die Draisine von 1817, erfunden von Karl Friedrich Freiherr von Drais.

▲ Schülern von heute ist Pythagoras von Samos (um 580–um 496 v. Chr.), der berühmte Mathematiker und Naturphilosoph, vor allem durch sein „$a^2 + b^2 = c^2$" bekannt, die Formel zum Verhältnis der Flächeninhalte der Quadrate über den Seiten eines rechtwinkligen Dreiecks.

▼ Der griechische Arzt Hippokrates (460–377 v. Chr.) war bereits zu Lebzeiten außerordentlich berühmt.

Was weiß man über Pythagoras?

Der Philosoph, Astronom und Mathematiker Pythagoras wurde auf der griechischen Insel Samos geboren. Sicher ist wohl, dass Pythagoras um das Jahr 530 v. Chr. in den griechischen Kolonien in Unteritalien (Kroton) wirkte, wo er eine Philosophenschule gründete. Auf Sizilien, angeblich in Mentapontum, ist er gestorben.

Was lehrte der Grieche?

Pythagoras lehrte eine Variante der Seelenwanderung, die vermutlich auf bacchische und orphische Mysterien zurückging. Die Grundsätze dieser Lehre waren religiös und ethisch begründet. Pythagoras glaubte, dass die Seele immer in verschiedenen Lebewesen wiedergeboren wird. Je nachdem, ob man im Leben sündigt oder sich tugendhaft verhält, wird man im nächsten Leben bestraft oder belohnt. Da es demnach auch sein könnte, dass man nicht als Mensch wiedergeboren wird, war es verboten, Tiere zu töten oder zu opfern und Fleisch zu essen.

Welche Bedeutung haben die Zahlen?

In den Zahlen sieht die pythagoreische Lehre das eigentliche Geheimnis und die Bausteine der Welt. Jede der Grundzahlen von eins bis zehn hat ihre besondere Kraft und Bedeutung, allen voran die vollkommene und umfassende Zehn. Die Harmonie der Welt beruht darauf, dass alles in ihr nach Zahlenverhältnissen geordnet ist.

Was weiß man über das Leben des Hippokrates?

Hippokrates kam etwa im Jahre 460 v. Chr. auf der griechischen Insel Kos zur Welt und ging später bei seinem Vater, dem Arzt Herakleides, in die Lehre.

Bevor sich Hippokrates auf seiner Heimatinsel niederließ, war er viel unterwegs, zum Beispiel auf dem griechischen Festland und in Kleinasien. Hippokrates soll ein Mann von Weitblick, hoher Intelligenz und analytischem Denkvermögen gewesen sein.

Wer war Asklepios?

Asklepios (lat. Äskulap) ist der Ahnherr der Medizin. Er wird dargestellt mit einem von einer heiligen Schlange umwundenen Stab. Der berühmte Äskulapstab ist noch heute das Zeichen für den ärztlichen Stand. Asklepios war der griechische Gott der Heilkunst und der Sohn des Apoll. Ihm waren auch auf der Insel Kos, wo Hippokrates geboren wurde, Heiligtümer geweiht. Dorthin pilgerten Kranke und Schwache. Seine Jünger und Anhänger sind die Asklepiaden.

Was war das Neue an Hippokrates' Behandlung?

Hippokrates hat als Arzt den Menschen und seine Krankheit stets als Einheit gesehen. Und somit kann er als erster Ganzheitsmediziner gelten. Er fragte beispielsweise immer auch nach dem Umfeld seiner Patienten und nach deren Lebensweise!

Was führte der Arzt in die Medizin ein?

Er führte wissenschaftliche Methoden in die Medizin ein. Hippokrates hat beobachtet, verglichen, beschrieben und festgehalten, was er bei seinen Patienten wahrnehmen konnte. Da-

bei ist er auf reale Ursachen von Krankheiten gestoßen. Heute würde man sagen, er hat nach naturwissenschaftlichen Erklärungen gesucht. Damit nahm er den Krankheiten ihre Verwurzelung in Mystik und Aberglaube.

Was ist der „Eid des Hippokrates"?

Diesen Eid auf den griechischen Arzt der Antike legen auch heute noch alle Mediziner ab. Der „Eid des Hippokrates" beinhaltet keine starren Regeln, sondern eher Richtlinien und Maßstäbe für medizinethische sowie philosophische Denk- und Handelsweisen. Wer diesen Eid leistet, verpflichtet sich zu hohem Verantwortungsbewusstsein, zu Respekt vor dem Menschen und zu einem bestmöglichen Einsatz für den Patienten.

Was erfand Archimedes?

In der Mechanik entdeckte er neben den Hebelgesetzen das Gesetz des Schwerpunkts. Außerdem konstruierte er einen Flaschenzug und die Wasserschnecke, eine Vorrichtung, um Wasser von einem niedrigeren auf ein höheres

▲ Archimedes entdeckt den Auftrieb und das spezifische Gewicht, Holzschnitt von 1547.

Level zu transportieren. Archimedes entdeckte weiterhin das wichtige „Archimedische Prinzip", eine der Grundlagen der Hydrostatik. Es heißt, dass Archimedes in der Badewanne lag, mit einer Goldkrone spielte und mit dem Schrei „Heureka!" (Ich hab's gefunden!) aufsprang. Das ist aber eine Legende.

Auf welchen Gebieten war der Gelehrte tätig?

In der antiken Welt war Archimedes außerdem als Astronom bekannt, er hatte ein Planetarium und einen Himmelsglobus geschaffen. Seine Berechnungen, beispielsweise der Sonnenwenden, wurden auch von großen Kollegen, wie dem bekannten Astronomen Hipparchos, verwendet.

Neun Schriften des Archimedes sind erhalten (etliches über arabische Gelehrte), darunter „Über Kugel und Zylinder", „Über Spiralen", „Kreismessung" und „Über schwimmende Körper". Die Schwerpunktbestimmungen führten Archimedes zu mathematischen Problemen, wie den Inhaltsberechnungen geometrischer Flächen und Körper, woraus er die Infinitesimalrechnung entwickelte.

Heute noch von großer Bedeutung ist die archimedische Spirale; außerdem kam er auf das 4:1-Verhältnis der Oberfläche einer Kugel zur Fläche ihres größten Kreises sowie darauf, dass das Volumen einer Kugel zwei Drittel des Volumens des Zylinders beträgt, in den sie eingeschrieben ist, und die Oberfläche der Kugel zugleich zwei Drittel der Oberfläche des Zylinders ausmacht.

▲ Das Ölbild von Guiseppe Nogari aus dem 18. Jahrhundert zeigt Archimedes (um 285–212 v. Chr.) mit einem Zirkel in der Hand. Es ist in Besitz der Staatlichen Puschkin-Museums für Bildende Kunst in Moskau.

Wusstest du, dass …

▸ die Behauptung, Pythagoras habe seinen Schülern das Essen von Bohnen verboten, ein Missverständnis ist? In der griechischen Kolonie Kroton, wo Pythagoras lebte, wurde mithilfe schwarzer und weißer Bohnen abgestimmt. Er untersagte den Schülern mit dem Bohnenverbot also eine politische Betätigung.

▸ die Anhänger von Pythagoras den Philosophen für den Sohn Apolls beziehungsweise den Gott selbst hielten?

▸ Archimedes mit seinem „Sandrechner" die Zahl der Sandkörner auf der Welt ermitteln wollte?

▸ Archimedes eine Winde erfand, mit der ein Mann allein ein Schiff vom Stapel laufen lassen konnte?

▸ Hippokrates als Begründer von Diäten gelten kann? Mit seinen Regeln für eine sogenannte Diätetik schrieb er eine zweckmäßige Ernährung vor, die speziell für den Körper von erkrankten Personen galt. Ebenso sollte sie auch der Heilung der Seele dienen.

die gotischen Buchstaben, deren feine Linienführung für den Druck weniger geeignet war.

Es war das Ziel vieler Drucker jener Zeit, mit den handgeschriebenen, reich verzierten Werken der Klosterschreiber konkurrieren zu können. Aber erst durch Johannes Gutenbergs Erfindung konnte dieser Plan schließlich in die Tat umgesetzt werden. Sein genialer Kunstgriff bestand in der Zusammenführung damaliger technischer Möglichkeiten zu einer vollkommen neuen Technologie, die die Verbreitung von Druckwerken aller Art wesentlich beschleunigen sollte.

Wie funktionierte der Druck nach Gutenberg?

Vor Gutenbergs beweglichen Lettern wurden Druckplatten aus Holz hergestellt, die nur einmal verwendet werden konnten. Die neuen Lettern dagegen waren flexibel und ließen sich wiederverwenden.

Im Einzelnen funktionierte es so: Zur Herstellung der Typen wurde in die Spitze eines Stahlstabs, erhaben und seitenverkehrt, ein Buchstabe graviert. Diese Spitze wurde in weiches Kupfer getrieben, so dass ein vertiefter Abdruck des Buchstabens in der Matrize entstand. Diese immer wieder verwendbare Kupfer-Matrize musste im Gießinstrument justiert werden, dann konnte das Gussmaterial eingefüllt werden. Auf diese Weise erhielt man bewegliche Bleilettern, die zu immer wieder neuen Texten verknüpft werden konnten. Die einzelnen Zeilen wurden in einem Setzschiff zu einer Spalte oder einer ganzen Seite zusammengefügt. Der justierte Satzspiegel wurde dann mithilfe eines Lederballens eingefärbt und in die Presse gelegt. Um eine bessere Druckqualität zu erzielen, musste das Papier angefeuchtet

▲ Johannes Gutenberg (um 1400–1468) war zugleich Erfinder und Unternehmer: Seine Idee war, die kunstvoll illuminierten, aber sehr teuren Handschriften der Klosterbibliotheken für ein breiteres Publikum anbieten zu können.

Was war neu an Gutenbergs Erfindung?

Er erfand bewegliche Drucklettern. Das heißt, der Setzer konnte die Buchstaben einzeln austauschen und so immer wieder verwenden. Dadurch wurde sozusagen das Zeitalter der Massenkommunikation eingeleitet. Durch die nun mögliche weite Verbreitung des gedruckten Worts gelangten Wissen und Kenntnisse zu vielen Menschen.

Warum kam die neue Drucktechnik gerade zur rechten Zeit?

Die neue Technik des Druckens auf Papier mit beweglichen Lettern traf mit der zunehmenden Verbreitung des Gedankenguts des Humanismus zusammen, die von Italien ausging. Im 15. Jahrhundert wurden einige neue Schriftarten erfunden, die humanistische Drucktype Antiqua mit ihren gerundeten Bögen verdrängte

Wusstest du, dass …

▶ Gutenberg für seine Drucktypen eine selbst entwickelte Blei-Zinn-Legierung verwendete?
▶ das erste jenseits der Alpen gedruckte Werk von den beiden deutschen Druckern Konrad Sweynheym und Arnold Pannartz im italienischen Subiaco hergestellt wurde?
▶ von über 40 Druckereien, die es vor dem Jahr 1500 in Rom gab, 25 von Deutschen betrieben wurden?

Wie machte Gutenberg seine Erfindung zu Geld?

Eine Neigung zum Geschäftlichen hatte der etwa um 1400 in Mainz als Sohn eines Patriziers geborene Johannes Gutenberg (eigentlich Gensfleisch) bestimmt. Nach seinem Studium an der Universität Erfurt absolvierte er eine Ausbildung zum Goldschmied. 1434 ließ sich Gutenberg in Straßburg nieder, wo er im Edelstein- und Goldschmiedehandwerk tätig war. Für sein Druckunternehmen in Mainz musste er Kredite aufnehmen, die sein Geschäftspartner Johannes Fust 1455 zurückforderte. Als Gutenberg nicht zahlen konnte, musste er sich aus seinem Unternehmen zurückziehen, das dann von Fust und Gutenbergs Gesellen Peter Schöffer weitergeführt wurde. Mit einer kleineren Presse druckte der unermüdliche Gutenberg jedoch in Mainz weiter. 1465 wurde er vom Mainzer Erzbischof und Kurfürsten zum Hofmann ernannt. Dadurch hatte er Privilegien und Einnahmen, durch die er seine letzten Lebensjahre in gesicherten wirtschaftlichen Verhältnissen verbringen konnte.

Worin bestand das große Verdienst Gutenbergs?

Wie viele bahnbrechende Erfindungen ist auch Gutenbergs Errungenschaft das Resultat lange währender Entwicklungen. In China hatte man schon Jahrhunderte vor Gutenberg mit beweglichen Drucklettern gearbeitet. Johannes Gutenbergs ureigene Erfindung ist jedoch das bewegliche Handgießinstrument, mit dem sich die Lettern schnell und sauber gießen lassen. Das große Verdienst des Mainzer Erfinders liegt in der intelligenten Zusammenführung verschiedener vorhandener Ideen zu einem funktionierenden System, dass nach und nach dazu beitrug, das die Fähigkeit zu lesen, nicht mehr nur Adligen und Reichen vorbehalten war.

und ebenfalls fixiert werden. Die Schwarzdrucke aus der Presse verzierte man von Hand mit Initialen und farbigen Illustrationen.

▲ Schon kurz nach der Erfindung des Buchdrucks wurde in Frankfurt die erste Buchmesse abgehalten – in den Fässern im Vordergrund wurden die Druckbogen transportiert; Stich von 1628.

Welche Werke druckte Johannes Gutenberg?

In Gutenbergs Werkstatt entstanden Drucke von Ablassbriefen, Kalender, aber zum Beispiel auch eine lateinische Schulgrammatik. Das berühmteste Produkt und unbestrittene Meisterwerk der Druckkunst ist die berühmte lateinische Bibel von 1452. Sie gilt gleichermaßen als künstlerisches Meisterwerk und technischer Meilenstein. Die Bände umfassen 1282 Seiten mit je zwei Spalte à 42 Zeilen. Von den etwa 180 gedruckten Exemplaren der Gutenbergbibel sind heute noch 49 erhalten.

◄ Eine Seite der Gutenberg-Bibel: Der Text ist lateinisch und die Seiten wurden einzeln von Hand nachkoloriert, so dass trotz Massenherstellung jeder Band einmalig ist.

▲ Das auf Ptolemäus zurückgehende geozentrische Weltbild zeigt die Erde inmitten der Sphären der Wandelsterne von Mond bis Saturn. Aus dem Atlas von Cellarius, 17. Jahrhundert.

Welche Auswirkungen hatten die Forschungen des Ptolemäus?

Als Wissenschaftler zeichneten ihn die strenge Systematisierung seiner Erkenntnisse und die umfangreiche Zusammenstellung der Kenntnisse und Beobachtungen seiner Vorgänger aus. So ist typisch für die Werke des großen alexandrinischen Forschers das Nebeneinander von tabellarischer Datensammlung, theoretischer Erörterung und konkreter Anweisungen für Berechnungen und Konstruktionen.

Wer war Ptolemäus?

Er lebte im 2. Jahrhundert n. Chr. in Alexandria (Ägypten) und war einer der letzten großen Forscher dieses klassischen antiken Wissenschaftszentrums. Seine Arbeiten waren die Grundlage der Vorstellungen der christlichen und islamischen Welt in Geografie und Astronomie bis zur kopernikanischen Wende.

Welche Bedeutung hatte für Ptolemäus die Erde?

Für Ptolemäus war sie das Zentrum des Universums. Der Astronom hatte die sogenannte Epizykeltheorie entwickelt, um die Abweichungen

▲ Ptolemäus (um 90–um 160) fasste das Wissen und die Beobachtungen seiner Vorgänger systematisch zusammen, Ausschnitt aus dem Gemälde von 1476, Palazzo Ducale.

zwischen seinen Beobachtungen und seinen Bahnberechnungen für die Planeten zu erklären. Nach dieser Theorie umkreisten die Planeten die Erde auf kleinen Kreisbahnen (Epizykeln), deren Mittelpunkte ihrerseits die Erde umkreisten – das geozentrische Weltbild.

Womit beschäftigte sich Ptolemäus noch?

Mit Topografie. Für das 2. Jahrhundert n. Chr. wusste er erstaunlich viel über Form und Ausdehnung der Kontinente. In seiner „Anleitung zur Erdbeschreibung" gab er Anweisungen zum Zeichnen von Karten, befasste sich mit den Kontinenten Asien, Afrika und Europa und entwarf Kartenspiegel für 26 Teilkarten der bewohnten Welt. In einem Netz von waagerechten und senkrechten Linien gab er Positionen an, aus denen die heutigen Längen- und Breitengrade hervorgegangen sind. Er sammelte Entfernungsangaben, Städtebeschreibungen und ethnologische Schilderungen.

Wusstest du, dass …

▶ noch 50 Jahre, nachdem Kopernikus mit seiner revolutionären Kosmologie die Sonne zum Mittelpunkt des Universums erklärt hatte, die meisten Astronomen diese Vorstellung für ein Hirngespinst hielten?

▶ Kepler mit seiner 1611 veröffentlichten Schrift „Dioptrice" (Lehre von der Lichtbrechung) die Grundlage der Optik legte?

▶ behauptet wurde, Kepler habe Tycho Brahe, verzweifelt über dessen Ignoranz, wegen dessen wertvollen Aufzeichnungen der Planetenbewegungen ermordet?

Was löste das geozentrische Weltbild ab?

Die beiden Forscher Nikolaus Kopernikus und Galileo Galilei brachten im 16. und 17. Jahrhundert in die Astronomie den Gedanken ein,

dass die Erde nicht der Mittelpunkt der Welt sei. Das Ende des geozentrischen Weltbilds stellte daher einen gewaltigen Einschnitt dar.

Womit schuf Kopernikus das neue Weltbild?

Er hatte erkannt, dass sich nicht die Sonne um die Erde, sondern die Erde um die Sonne dreht. Damit zerstörte er das alte Weltbild des Ptolemäus, rückte die Erde und damit den Menschen aus dem Zentrum des Universums und verletzte, so sahen es christliche Eiferer, seine Würde als Ebenbild Gottes.

Wie verbreitete sich die neue Erkenntnis?

Der Mathematikprofessor Georg Joachim von Lauchen, genannt Rheticus (1514–1576), veröffentlichte 1540 unter dem Titel „Narratio prima" einen „ersten Bericht" über die neue Lehre. Er hatte in Wittenberg von der Erkenntnis gehört. Er reiste 1539 zu Kopernikus nach Frauenburg und ließ sich von ihm in die Lehre einweisen. Er übernahm so etwas wie die Rolle eines „Pressesprechers" des kränkelnden Gelehrten. Nach Studien in Krakau (1491–1494) und Italien (1496–1503) kehrte Kopernikus in seine nordpolnische Heimat zurück, wo er bis zu seinem Tod 1543 lebte und lehrte.

Hatte Kepler eine sorgenfreie Kindheit?

Nein. Schon die Jugend des am 27. Dezember 1571 im württembergischen Weil der Stadt geborenen Astronomen war nicht einfach. Im Elternhaus herrschte oft Streit, und Geldnöte bestimmten den Alltag. Die Mutter war eine schwierige, starrköpfige Natur, der Vater sprunghaft und unberechenbar; zweimal verließ er seine Familie, um als Söldner zu dienen. Als Johannes Kepler erst vier Jahre alt war, führte eine Pockenerkrankung beinahe zur Erblindung.

Was entdeckte Kepler?

Die gesetzmäßige Bewegung der Planeten. Heute gilt Keplers Beitrag zum Verständnis von Welt und Universum als Baustein der modernen Kosmologie (der Lehre vom Aufbau des Weltalls und seiner Einordnung in Raum und Zeit). Er festigte das heliozentrische Weltbild, indem er Nikolaus Kopernikus in zwei Punkten korrigierte: Die Planeten bewegen sich nicht mit gleichen, sondern unterschiedlichen Geschwindigkeiten um die Sonne, und nicht in Kreisen, sondern in Ellipsen. Diese und andere Erkenntnisse legte Kepler in drei nach ihm benannten Gesetzen dar, den ersten mathematisch formulierten Naturgesetzen, ausgeführt in seinen beiden Hauptwerken „Astronomia Nova" (Neue Astronomie) von 1609 und „Harmonices Mundi" (Weltharmonik) von 1619.

Wie kam Kepler zu seinen Erkenntnissen?

Seinen Durchbruch verdankte der geniale Astronom auch der Vorarbeit von Tycho Brahe, der jahrzehntelang die Bewegung der Planeten beobachtet und akribisch genau notiert hatte. Brahe zog aus seinen Beobachtungen zwar nicht die richtigen Schlüsse, weil er die kopernikanische Kosmologie und das heliozentrische Weltbild grundsätzlich ablehnte und deshalb in die falsche Richtung dachte. Aber seine ausgesprochen zuverlässigen Tafeln der Planetenbewegungen waren für jeden Astronomen – besonders für den sehbehinderten Kepler, für den das Beobachten eine große Anstrengung darstellte – Gold wert. Als Brahe plötzlich starb, übernahm Kepler, sein Mitarbeiter und Nachfolger an der Prager Sternwarte, seine Aufzeichnungen. Bis in die heutige Zeit wird darüber spekuliert, ob Brahe das tatsächlich so wollte und verfügte oder ob Kepler in Wirklichkeit die Tafeln gestohlen hat.

▲ Kopernikus (1473–1543) begründete das neuzeitliche heliozentrische Weltbild: Die Sonne steht im Mittelpunkt unseres Planetensystems.

◄ Johann Kepler (1571–1630) war nicht nur ein begnadeter Astronom und Astrologe, sondern auch Theologe. Er hat das Klosterinternat im schwäbischen Maulbronn besucht und am Evangelischen Stift in Tübingen studiert.

Was beschäftigte den jungen Forscher?

Newtons Bemühungen um eine Klärung der Natur von Licht und Farben begannen zur selben Zeit wie seine Untersuchungen zur Mechanik. Als Instrument benutzte Newton wie seine Vorgänger in erster Linie das Prisma. Er betrachtete beispielsweise in einem abgedunkelten Zimmer, in das ein isolierter Lichtstrahl fiel, das durch ein Glasprisma entstehende Spektrum auf einem weit entfernten Schirm. Dabei sah er ein unerwartet lang gezogenes ovales Abbild der kreisförmigen Lochblende eines von Rot bis Violett reichenden Spektrums, das er als Überlagerung verschiedenfarbiger Bilder der Blende deutete. Jedes einzelne Bild der Blende entspricht einer bestimmten Farbe, die ihrerseits durch einen bestimmten Brechungsindex und damit einen bestimmten Ort auf dem Bildschirm ausgezeichnet ist. Damit stand für Newton fest, dass sich das weiße Sonnenlicht aus den für ihn elementaren verschiedenfarbigen Strahlen unterschiedlicher Brechbarkeit zusammensetzt.

War Newton ein reiner Theoretiker?

Nein, er widmete sich auch praktischen Erfindungen. Newton konstruierte ein Spiegelteleskop. Dessen erfolgreiche Vorführung in der Londoner Royal Society 1672 führte zu seiner Aufnahme als Fellow. Die drei

▲ Experimente im dunklen Zimmer: Newtons Bemühungen galten vor allem der Erforschung der Natur von Licht und Farbe. Hier ein Stich aus dem Jahr 1879.

Wie verlief Newtons akademische Karriere?

Isaac Newton wurde am 4. Januar 1643 in Lincolnshire geboren. Dass der Physiker etwas eigenwillig war, wird oft mit seiner Vaterlosigkeit und der frühen Trennung von der Mutter erklärt. Nach einem vergeblichen Versuch, sich als Landwirt um das väterliche Gut zu kümmern, begann Newton im Sommer 1661 in Cambridge zu studieren. 1664 erreichte er den Status eines Scholars. Diese Position erlaubte ihm, ausschließlich Fragestellungen zu lösen, die er selbst gewählt hatte. In den Jahren 1665 und 1666, als die Universität von Cambridge wegen einer Pestepidemie geschlossen war, nutzte Newton die Zeit für seine Forschungen und entdeckte dabei die wesentlichen Elemente seines Infinitesimalkalküls und die Grundlagen für seine späteren Entdeckungen in Mechanik und Optik. Von 1669 bis 1701 war er Professor in Cambridge.

Wusstest du, dass ...

▶ der französische Philosoph Voltaire die Geschichte verbreitete, Newton habe das Gesetz der Gravitation entdeckt, als ihm unter einem Apfelbaum liegend eine Frucht auf den Kopf gefallen sei?

▶ sich der Wissenschaftler auch mit Alchimie, speziell mit der Suche nach dem Stein der Weisen, beschäftigte?

▶ Newton als Münzmeister besonders streng gegen Falschmünzer vorging?

▶ der Physiker nach seinem Tod 1727 feierlich in der Westminster Abbey beigesetzt wurde?

Bücher der erstmals 1704 veröffentlichten „Opticks", zu denen noch ein Teil mit offenen Fragen, den „Queries", kommt, behandeln nach der Klärung von Begriffen Newtons Theorie über Licht und Farben, sein Teleskop, Interferenzerscheinungen, die Entstehung von Farbwirkungen bei dünnen durchsichtigen Körpern, insbesondere die später nach Newton benannten Ringe, und die Farben nicht durchsichtiger natürlicher Körper. Dazu kommen Beugungserscheinungen, die Newton als Kraftwirkungen von Körpern auf das Licht interpretierte.

Was ist die wichtigste Entdeckung Newtons?

Die Gravitation. Lange vor den „Opticks" hatte Newton in weniger als zwei Jahren das Manuskript für die 1687 veröffentlichten „Philosophiae Naturalis Principia Mathematica" fertiggestellt. Im ersten der drei Bände entwickelte Newton die Grundlagen einer Bewegungslehre, um im dritten Buch die damals bestehenden Probleme der Astronomie auf dieser Grundlage zu lösen. Das zweite Buch behandelt die Bewegung von Körpern in Widerstand leistenden Medien. Für die spätere Wirkung von Newtons Werk war vor allem das dritte, „Über das Weltsystem" betitelte Buch von Bedeutung, das alle Ergebnisse der von Kopernikus ausgelösten wissenschaftlichen Revolution unter dem Gravitationsprinzip zusammenzufassen vermochte und damit diese wichtige Phase der neuzeitlichen Wissenschaftsentwicklung abschloss. Danach wirkt die Schwerkraft auf alle Körper und ist für jeden einzelnen seiner Masse proportional.

Isaac Newton betrachtete die Bewegungen eines Körpers nicht im Verhältnis zu anderen Körpern, sondern bezogen auf ein körperunabhängiges stabiles Bezugssystem, das für ihn durch den absoluten, unendlich ausgedehnten Raum von Natur aus gegeben war.

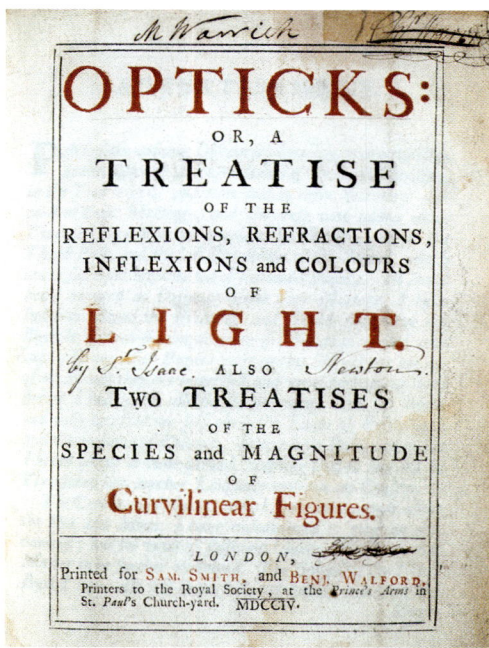

▲ Isaac Newton (1643–1727); Porträt von John Vanderbank, Frontispiz einer späteren Auflage der „Philosophiae Naturalis Principia Mathematica", 1726, London, British Library.

◀ Titelblatt von „Opticks", 1704, Newtons Werk über die Eigenschaften von Licht.

Blieb der Physiker der Wissenschaft treu?

Nein, er ging in die Politik. Aufgrund seines Einsatzes für die Glorious Revolution wurde Newton 1689 zum Mitglied des Parlaments gewählt. Ein früherer Schüler, der spätere Earl of Halifax, verhalf Newton 1696 zur Stelle eines Münzmeisters in der königlichen Münze in London. Newton wurde 1699 Direktor der Münze, 1703 Präsident der Royal Society und 1705 durch Königin Anna geadelt. Als Präsident der Royal Society sorgte er dafür, dass der Prioritätsstreit mit Leibniz um die Schöpfung des Infinitesimalkalküls 1713 zu seinen Gunsten entschieden wurde.

Der Einfluss des Newton'schen Weltsystems auf die Wissenschaftsgeschichte war gewaltig. Erst Machs Kritik des absoluten Raums und die Relativitätstheorie Einsteins ersetzten Newtons Vorstellungen von Raum und Zeit durch neue.

Wie kam Newton zu Ergebnissen?

Newton lehnte die Hypothesenbildung ab. Das beschreibt er ausführlich in den „Principia": „Ich habe noch keine vernünftige Erklärung für diese Eigenschaften der Schwerkraft aus den Erscheinungen abzuleiten vermocht, und Hypothesen bilde ich nicht. Was nämlich nicht aus den Erscheinungen folgt, ist als Hypothese zu bezeichnen, und Hypothesen, ob sie nun metaphysisch oder physikalisch oder über verborgene Eigenschaften oder mechanisch sind, haben in der Experimentalphysik keinen Platz (...). Es genügt, dass die Schwerkraft tatsächlich existiert, nach den von mir dargelegten Gesetzen wirkt und allen Bewegungen der Himmelskörper sowie des Meeres genügt."

▲ Isaac Newtons reflektierendes Teleskop von 1668

▲ James Watt widmete sein gesamtes Leben der Entwicklung der Dampfmaschine. Dieses Bild zeigt eine Dampfmaschine von 1908 in der Brauerei Arsfeld (Hessen).

▲ James Watt (1736–1819) arbeitete nach seinem Ingenieursstudium als Hersteller technischer Instrumente.

War James Watt schon immer ein Tüftler?

Durchaus. Denn der am 19. Januar 1736 im schottischen Greenock als Sohn eines Werft- und Bauunternehmers geborene James Watt beschäftigte sich bereits sehr früh damit, Lösungen für technische Probleme auszutüfteln. Es lag daher für ihn nahe, den Beruf des Ingenieurs zu wählen. In Glasgow absolvierte er ein entsprechendes Studium. Danach ließ er sich zunächst als Instrumentenmacher nieder.

Erfand der Schotte wirklich die Dampfmaschine?

Nicht ganz. Zwar wird er häufig als der Erfinder der Dampfmaschine bezeichnet, das stimmt jedoch nur eingeschränkt: Er war der Erfinder der ersten brauchbaren Niederdruck-Dampfmaschine, die erst den Siegeszug der Dampfkraft möglich machte. Seine Entwicklungen gelangen Watt jedoch nur auf der Grundlage der Vorgängermaschinen, insbesondere des Geräts von Thomas Newcomen. Dieser wiederum hatte 1712 das Vorgängermodell des Ingenieurs Thomas Savery von 1698 zur „Feuermaschine" weiterentwickelt.

Welche Idee machte ihn berühmt?

Watt erhielt eines Tages den Auftrag, ein Exemplar der Newcomen'schen „Feuermaschine" zu reparieren. Sofort fiel ihm die ungeheure Dampfverschwendung dieser Maschine auf. Im Mai 1765 hatte er dann die zündende Idee: einen vom Kessel getrennten, aber mit ihm verbundenen Verdichter („separate condenser"), der eine erheblich bessere Dampf- und Wärmeausbeute erlauben würde. Watt fand einen Geldgeber und baute 1768 die erste Maschine mit dieser Neuerung. Im Jahr darauf erhielt er ein Patent für seine „Neue Methode zur Verminderung von Dampf- und Betriebsstoffverbrauch

Wusstest du, dass …

► James Watt durch seine Erfindung ein wohlhabender Mann wurde?

► bis 1800 rund 500 Watt-Maschinen in England in Betrieb gingen und in Bergwerken, Mühlen oder zum Betrieb von Förderkörben und Schleusen eingesetzt wurden?

► Watt die Erhebung in den Adelsstand, die ihm 1814 angetragen wurde, ablehnte? Andere hohe Auszeichnungen, wie die Wahl in die Londoner Royal Society oder die Ernennung zum Ehrendoktor der Universität von Glasgow, nahm er jedoch dankend an.

▲ So sah der Arbeitsplatz von James Watt in Glasgow aus. Diese Illustration zeigt ihn zusammen mit Besuchern, darunter der Chemiker Joseph Black.

Warum war die Dampfmaschine so wichtig?

Die Erfindung der Dampfmaschine durch James Watt erlaubte erstmals den Einsatz von Maschinenkraft. Fast alles, was bisher vom Flaschenzug bis zur Pumpe genutzt wurde, brauchte die Unterstützung von Menschen- oder Tierkraft und erreichte doch nicht die Leistung der Dampfmaschine. Jetzt konnte die industrielle Revolution richtig beginnen. In Großbritannien ließ die Watt'sche Maschine etwa die Produktion der Textilindustrie stark ansteigen. Wenig später gelang mit der ersten Lokomotive von George Stephenson – eigentlich eine auf Räder gestellte Dampfmaschine – der Durchbruch zu ungeahnter Mobilität. Das Land hatte wegen der Dampfkraft bis zum ersten Weltkrieg wirtschaftlich die größte Macht.

in Feuermaschinen". Bis zum Siegeszug der Dampfkraft dauerte es aber noch eine ganze Weile, denn Watt musste erst zahlreiche Verbesserungen an seinem Gerät vornehmen, ehe es in nennenswerten Stückzahlen verkauft wurde. Auch ging seinem ersten Sponsor das Geld aus, so dass Watt eine Weile als Landvermesser tätig war, anstatt an seiner Maschine weiterzuarbeiten.

1774 fand er schließlich einen weiteren Gönner in Birmingham und konnte die ersten Maschinen verkaufen. Das macht es ihm auch möglich, seine Erfindung Schritt für Schritt zu optimieren.

Welche Ehre wurde dem Erfinder zuteil?

Die größte Anerkennung der Erfindung James Watts spiegelt sich in der Tatsache wider, dass die internationale physikalische Maßeinheit der Leistung nach ihm benannt wurde: Sie heißt Watt (W).

Watt selbst erlebte diese Auszeichnung nicht mehr. Er starb in hohem Alter am 19. August 1819 im heute zu Birmingham gehörenden Heathfield.

◄ Der Holzstich des späten 19. Jahrhunderts zeigt die von James Watt weiterentwickelte Dampfmaschine. Der Schotte trug entscheidend zur Verbesserung von Newcomens Prototyp der Dampfmaschine bei.

▲ Thomas Alva Edison (1847 bis 1931) war einer der größten Erfinder aller Zeiten. Er wurde nicht nur für die Erfindung der Glühbirne gefeiert. Von ihm stammen auch der Phonograph, mit dem er hier abgebildet ist, und eine Laufbildkamera, Gemälde, 1889, National Portrait Gallery, Washington.

► Auf einem Holzstich verewigt – die von Edison 1879 entwickelte Glühbirne.

Wer war Thomas Alva Edison?

Thomas Alva Edison war ein US-amerikanischer Erfinder auf dem Gebiet der Elektrizität. Schon als Elfjähriger bastelte der 1847 in Milan (Ohio) geborene Edison an Telegrafenmodellen und übte das Morsealphabet. Als Zeitungsjunge verkaufte er in einem Eisenbahnzug zwischen Port Huron und Detroit Zeitungen und Süßigkeiten; in einem der Waggons richtete er sich ein eigenes Chemielabor ein. Dies zeigt die frühe Selbstständigkeit und Initiative des seit Kindertagen an Schwerhörigkeit leidenden Edison. Als junger Telegrafist druckte er bereits eine eigene Zeitung im Gepäckwagen eines Zugs. Mit 17 konstruierte er ein Repetiergerät aus zwei

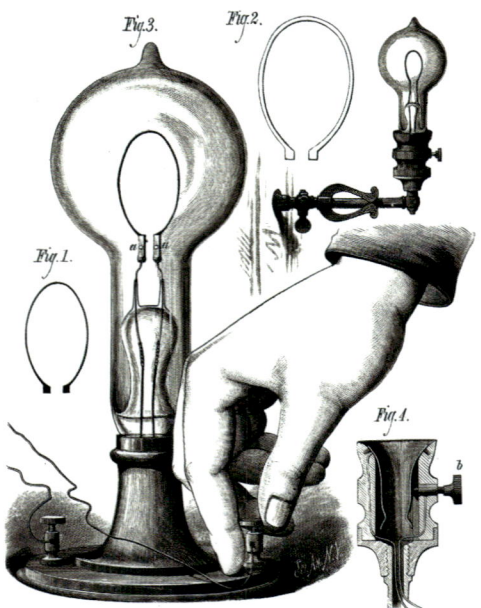

alten Morseschreibern, dann einen Duplizierschreiber. Besonders faszinierten den Forscher die Elektrizität und die Telegrafie. So ruhte Edisons genialer Erfindergeist nicht, bis sein erstes marktfähiges Patent von 1868, ein telegrafischer Stimmenzähler bei Abgeordnetenwahlen, entwickelt war. Finanziell war das allerdings ein totaler Reinfall! Dann folgte ein verbesserter Börsenticker, der ihm ebenfalls zunächst kaum Geld einbrachte.

Wie wurde Edison schwerhörig?

Edison war nicht von Geburt an taub. Er erkrankte erst im Kindesalter an Schwerhörigkeit. Viele Geschichten ranken sich um die Ursache für seine Taubheit. Eine Anekdote besagt, dass der Forscher sein Gehör bei einer lauten Explosion beim Experimentieren mit Chemikalien verlor. Edison selbst behauptete, der Grund für seine Schwerhörigkeit sei darauf zurückzuführen, dass er, als er auf einen fahrenden Zug aufspringen musste, in letzter Sekunde von einem Schaffner an den Ohren in den Waggon gezogen worden sei. Dabei will Edison gespürt haben, wie etwas in seinem Innenohr riss. Eine weitere, weniger schillernde Darstellung erklärt seine Schwerhörigkeit als Folge einer frühen Krankheit. Letzteres erscheint am wahrscheinlichsten, da auch der Vater Edisons an einer ähnlichen Krankheit litt.

Wie hielt sich der Tüftler über Wasser?

Edison arbeitete unermüdlich und steckte dabei viele Rückschläge weg. In New York, am Broadway, hatte er 1869 ein Büro als freier Erfinder, von der „Western Union" erhielt der erst 24-jährige Newcomer Aufträge über 1200 Börsenticker, die schon bald in fast allen Finanzbüros Amerikas und Europas standen. Im Jahre 1873 jedoch, von einer Englandreise zurückgekehrt, schien Edison am Rand des finanziellen Ruins zu stehen. Auseinandersetzungen und Prozesse mit dem betrügerischen Finanzbaron Jay Gould folgten, ehe er sich in Menlo Park ein großes, für damalige Verhältnisse hochmodernes Forschungslaboratorium einrichtete. In diesem Labor machte Edison seine wichtigsten Erfindungen.

Was machte den Erfinder berühmt?

Edison entwickelte zunächst den sogenannten Phonographen, einen Vorläufer des Grammophons. Der Forscher hatte sich dafür von Bells Erfindung des Telefons inspirieren lassen.

Im Jahr 1877 erschienen in der Zeitschrift „Scientific American" erste Berichte über die Fähigkeit seines Phonographen, Stimmen und Musikinstrumente akustisch wiederzugeben. Daraufhin durfte Edison das Gerät sogar dem US-amerikanischen Präsidenten vorführen. Edison ahnte zu der Zeit noch gar nicht, welche technischen Möglichkeiten im Phonographen steckten.

Wie funktionierte Edisons Phonograph?

Edison suchte nach einer Möglichkeit, Sprachmitteilungen dauerhaft aufzuzeichnen. Sein Vorbild war der von Samuel Morse entwickelte Schreibtelegraf, der mithilfe von auf Papier gebannten Punkten und Strichen Nachrichten aufzeichnete.

Auch Edison nutzte für seinen Phonographen Papier, beschichtete dieses aber mit Wachs. Sobald die elektrischen Signale eine Nadel über das Wachspapier führten, kratzten sie Vertiefungen hinein, aus denen der Klang wieder abgespielt werden konnte. Das hörte sich wie ein fürchterliches Kratzen an! Edison verbesserte seine Erfindung daraufhin, indem er den Ton auf einer mit Stanniol umwickelten Walze aufzeichnete. Als er das „Sprechgerät" 1877 zum ersten Mal der Öffentlichkeit vorstellte, hielten viele die Aufzeichnungen der Stimmen für Zauberei.

Wie kam die Glühbirne 1879 zum Leuchten?

Zwei Jahre nach der Erfindung des Phonographen erregte Edison erneut großes Aufsehen, als er am 12. Oktober 1879 eine elektrische Glühlampe präsentierte, die mehr als 40 Stunden lang leuchtete, bevor sie durchbrannte. Bis dahin hatte es niemand geschafft, eine Glüh-

birne länger als ein paar lang Augenblicke zum Leuchten zu bringen.

Edison verwendete für seine Glühbirne verkohlte Baumwollfäden. Seine Glühbirne stellte an Langlebigkeit und technischer Überlegenheit alles Bisherige in den Schatten und war eine Sensation, denn noch war die Rauch, Hitze und Ruß verursachende Gasbeleuchtung Stand der Technik und Gang und Gebe. Edisons Glühbirnen waren zudem relativ preisgünstig und setzten sich schnell durch. Auf der ganzen Welt ließ er nach als Glühfaden geeigneten Fasern suchen und riskierte mit 33 Jahren sein ganzes Vermögen für eine neue Industrie von Elektrozubehörteilen.

Welche weiteren bedeutenden Erfindungen machte Edison?

Thomas Alva Edison entwickelte über 2000 Erfindungen, von denen er sich 1093 patentieren ließ. Damit erreichte er einen absoluten Weltrekord! Aus diesem Grund galt er bereits zu seinen Lebzeiten als der größte Erfinder aller Zeiten.

Allerdings verlor Edison im sogenannten Stromkrieg das Rennen gegen seinen Konkurrenten George Westinghouse. Edison befürwortete das Gleichstromsystem, während sein Widersacher Westinghouse das Wechselstromsystem bevorzugte. Letztendlich setzte sich jedoch das Wechselstromsystem zur Versorgung mit elektrischer Energie allgemein durch.

◀ Thomas Alva Edison mit seiner Frau Mina um 1910 in einer anderen großen Erfindung seiner Zeit: dem Automobil.

Wusstest du, dass …

▶ Edison der erste Mensch war, der die Aufzeichnung seiner eigene Stimme hörte? Das erste wieder abspielbare Wort überhaupt war „Hallo".

▶ Edison auch den elektrischen Stuhl erfunden hat? Im Jahr 1886 vom Bundesstaat New York beauftragt, entwickelten er und sein Mitarbeiter Harold P. Brown dieses Instrument für die Durchführung der Todesstrafe.

▶ anlässlich des Todes des Erfinders im Jahr 1931 in sämtlichen europäischen und amerikanischen Großstädten für eine Minute die elektrische Straßen- und Hausbeleuchtung für eine Minute ausgeschaltete wurde?

▶ Edison nie eine Schulausbildung erhalten hat?

▼ Der Phonograph war ein Vorläufer des Plattenspielers.

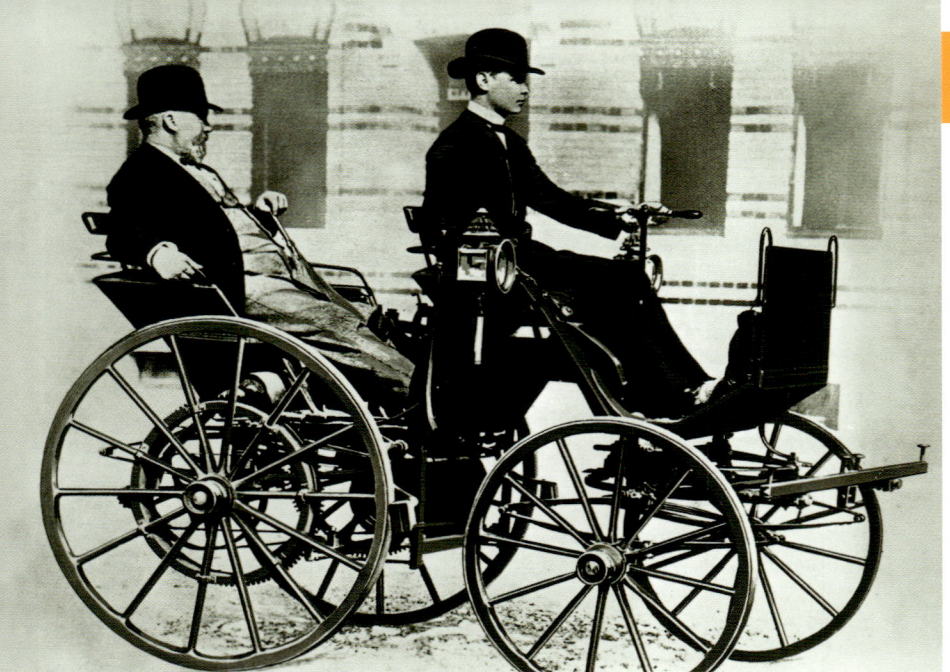

leistungsfähigere Maschinen. Schon zwei Jahre später war Daimlers Deutsches Reichspatent DRP 34926 fertiggestellt, ein 60 Kilogramm schwerer Einzylinder-Motor mit 264 Kubikzentimeter Hubraum und 0,5 PS bei 700 Umdrehungen in der Minute. Das „Reitrad" mit Motor war 1885 fertig, im Jahr darauf folgten die „Motorkutsche", ein Schiffsantrieb und weitere Patente.

Baute Daimler den ersten Mercedes?

Ja, 1899, ein Jahr vor dem Tod Daimlers, stand der Mercedes-Kraftwagen, das erste moderne Automobil, auf seinen vier Rädern. Daimler hatte eine eigene Fabrik für Zweizylindermotoren und Stahlradwagen gegründet. Mit Maybach zusammen hatte er für den Fahrzeugbau viele Innovationen in der Motorentechnik geschaffen. Der Name Mercedes ging übrigens auf die Tochter des befreundeten Händlers und Autofanatikers Emil Jellinek zurück.

▲ Gottlieb Daimler in der „Motorkutsche", seinem ersten Automobil, das 1886 entstand.

Wie fing Daimler an?

Der 1834 im württembergischen Schorndorf geborene Gottlieb Daimler begann nach Lehre und Ausbildung seine ungewöhnlich erfolgreiche Laufbahn als Industriearbeiter im Lokomotivbau im Elsass. Danach besuchte er die polytechnische Schule in Stuttgart und erhielt dann Stipendien für Praktika in Frankreich und England. Im schwäbischen Reutlingen sanierte er eine Maschinenfabrik und lernte dabei Wilhelm Maybach (1846–1929) kennen, der zum Freund fürs Leben werden sollte. Die beiden arbeiteten zusammen in Karlsruhe und in der Gasmotorenfabrik Deutz in Köln und bald stieß der kaum weniger bekannte Erfinder Nikolaus Otto (1832–1891) hinzu. Gemeinsam brachten sie den viertaktigen Otto-Motor zur Serienreife.

▲ Schöpfer des modernen Kraftwagens – der deutsche Ingenieur Gottlieb Daimler (1834–1900).

Wann erfand Daimler seinen Motor für Fahrzeuge?

Das gelang ihm 1883. Zusammen mit Maybach hatte er eine Versuchswerkstätte im eigenen Gartenhaus in Cannstadt eingerichtet und einen auch in Fahrzeuge einbaubaren Motor konstruiert. Es handelte sich um einen Verbrennungsmotor mit 0,25 PS, 100 Kubikzentimeter Hubraum und Glührohrzündung. Jetzt war der Siegeszug des neuen Antriebs, der viele Vorarbeiten und Versuche notwendig gemacht hatte, nicht mehr aufzuhalten. Es folgten größere und

▲ Der Konstrukteur Carl Benz (1844–1929) löste die technischen Probleme, die dem Automobilbau noch im Wege standen.

Wusstest du, dass …

▶ der erste nachweisbare Verkauf eines Automobils im März 1893 stattfand? Per Bahn reiste Carl Benz von Mannheim nach Konstanz, im Gepäckwagen befand sich seine Erfindung: ein dreirädriger, selbstfahrender Wagen. Erwartet wurde er von Eugen Zardetti. Mit ihm fuhr er, nunmehr als Lenker des Wagens, bis nach Bregenz, wo der Marinemahler eine Villa besaß.

▶ das Model T, das zwischen 1908 und 1927 15 Millionen Käufer fand, in den 19 Jahren so wenig geändert wurde, dass ein Gebrauchtwagen kaum von einem Neuwagen zu unterscheiden war?

Was trug Benz zur Entwicklung des Motors bei?

Der 1844 in Karlsruhe geborene Carl Benz erkannte rasch, dass die Lösung des Zündungsproblems entscheidend für den Bau eines Automotors war. Dem Erfinder war klar, dass die Daimler'sche Glührohrzündung auf Dauer keine Lösung sein konnte, da sie keinerlei Drehzahländerung zuließ. Benz setzte von Anfang an auf die richtige Idee: Er konzentrierte sich auf die elektrische Zündung. Die von Benz entwickelte Summerzündung bedurfte einer Induktionsspule, um die nötige Spannung zu erzielen.

Welches Ziel verfolgte Benz?

Benz wollte Motor, Fahrgestell und Antrieb als Einheit gestalten. In seiner Mannheimer Firma „Benz & Cie., Rheinische Gasmotorenfabrik" entstand auf diese Weise der „Patent-Motorwagen". In den Jahren 1885 und 1886 entwickelte Carl Benz drei Versionen dieses Automobils, wobei von den ersten beiden nur jeweils ein Exemplar gebaut wurde. Auf einem Exemplar der dritten Ausführung unternahm Carls Frau Bertha Benz mit ihren beiden Söhnen Anfang August 1888 die legendäre Fahrt von Mannheim nach Pforzheim, die erste „Fernfahrt" der Automobilgeschichte.

Hat Henry Ford das Auto und das Fließband erfunden?

Nein, hat er nicht. Der erste „Motorwagen" wurde 1885 von Carl Benz gebaut, und das Fließband kam ab den 60er Jahren des 19. Jahrhunderts zum Einsatz und zwar erstmals in den großen Schlachthäusern von Cincinnati.

Wie entstand Daimler-Benz?

Benz & Cie. in Mannheim und die Daimler-Motoren-Gesellschaft in Stuttgart schlossen sich 1926 zur Daimler-Benz AG zusammen. Die beiden Unternehmen, Keimzellen der industriellen Autoproduktion, waren aus Hinterhofwerkstätten entstanden. Sie benötigten viele Jahre und große Investitionen, bis mit dem Produkt Auto endlich Geld verdient werden konnte. Gottlieb Daimler konnte diesen Durchbruch im Gegensatz zu Carl Benz nicht mehr erleben.

Warum wurde Ford Automobilfabrikant?

Weil der spätere bedeutende Erfinder bereits früh erkannte, dass ihm das Leben als Bauer nicht lag. Schon mit 16 Jahren zog er nach Detroit und lernte Mechaniker, 1891 nahm er eine Stelle als Ingenieur bei der Edison Illuminating Company an.

Sein erstes Auto, das Quadricycle, stellte er 1896 fertig, ab 1899 widmete er sich ausschließlich dem Automobilbau. Im Jahr 1903 gründete er die Ford Motor Company mit Sitz in Detroit, die in den Anfangsjahren noch ganz konventionell und „handwerklich" das Model A fabrizierte: zuverlässig, robust und vor allem preiswert.

▲ Der amerikanische Industrielle und Automobilproduzent Henry Ford (1863–1947).

Wodurch kam der wirtschaftliche Erfolg?

Ford erkannte eine Marktlücke. Als das Auto noch eine Novität war, handelte es sich um ein Luxusgefährt, das zum Einsatz auf holprigen Landstraßen ungeeignet war.

Fords Meinung nach war aber nun die Zeit reif für ein robustes, preiswertes Gefährt, einen mobilen Untersatz, der die Funktion von Pferd und Wagen übernehmen konnte.

So ein Auto wurde das Model T, das er der Öffentlichkeit am 1. Oktober 1908 vorstellte. Mit dem niedrigen Preis von 850 Dollar fuhr Ford seiner Konkurrenz buchstäblich davon. 1909 verkaufte er bereits 19 000 Stück, ab 1913 auch unter Einsatz der Fließbandtechnik.

▼ Ford Model T fährt allen davon – der Sieger des transkontinentalen Straßenrennens von New York nach Seattle am Ziel (1909).

Der Durchbruch war Lilienthal bei Derwitz in der Mark Brandenburg mit seinem „Derwitz-Apparat" gelungen. Das erste manntragende Flugzeug brachte ihn erstaunliche 25 Meter durch die Luft. Lediglich 18 Kilogramm leicht war der Apparat, mit einer Flügelspannweite von 7,6 Metern und einer Flügelfläche von zehn Quadratmetern.

Nach und nach wurden Lilienthals Apparate stabiler und aerodynamisch ausgefeilter. 1893 flog er mit seinem „Maihöhe-Rhinow-Apparat" 50 Meter weit. Das Fluggerät mit den Segeltuchtragflächen baute er zum „Normalsegelapparat" aus, erzielte damit eine Höhe von 23 Metern und seine Rekordreichweite von 250 Metern. Für 500 Reichsmark war das Serienmodell im Handel erhältlich.

Im Lauf der Jahre entstanden die unterschiedlichsten Fluggeräte. Lilienthal baute Apparate, deren Flügel strahlenförmig ausgerichtet waren und zusammengefaltet werden konnten, er experimentierte mit Vorflügeln, beweglichem Leitwerk und Schwingklappen an den Flügelspitzen oder konstruierte Doppeldecker-Gleiter. Seine Apparate mit Schwingen an den Flügelspitzen, die durch Kohlensäuremotorantrieb betätigt werden sollten, hoben indes nicht ab. Zu sehr war Lilienthal auf den Schwingenflug der Vögel fixiert.

▲ Der Luftfahrtpionier, Ingenieur, Erfinder und Maschinenfabrikant Otto Lilienthal entwickelte und baute immer neue Flugapparate, Aufnahme von 1893.

Wann packte Lilienthal der Traum vom Fliegen?

Schon als Kind im pommerschen Anklam war Otto Lilienthal vom Fliegen fasziniert. Gemeinsam mit seinem Bruder studierte er den Vogelflug, schnallte sich selbst entwickelte Flügel an, um durch die Luft zu gleiten und mehr oder weniger sanft zu landen. Nach dem Abitur und einer Mechanikerlehre absolvierte Lilienthal in Berlin-Charlottenburg ein Ingenieurstudium.

Im Jahr 1881 gründete er in Berlin eine Maschinenfabrik, in der Dampfmaschinen, Heizungsanlagen und Transmissionen hergestellt wurden. Nach seinen Plänen entstanden Dampfkessel, Heißluftmotoren, Schrämmmaschinen und auch der „Ankersteinbaukasten" für Kinder.

Was regte Lilienthal zur Erfindung des Fliegers an?

Ab 1874 führte Lilienthal intensive Studien zum Flugverhalten der Vögel und aerodynamische Versuche an Flügelmodellen durch. Im Jahr 1889 veröffentlichte er seine Abhandlung „Der Vogelflug als Grundlage der Fliegekunst" und machte sich daran, seine theoretischen Erkenntnisse mit eigenen Flugapparaten praktisch umzusetzen. Anfangs gelangen ihm nur kleine Sprünge vom Schuppendach, doch ab 1891 wurden seine Flugversuche nach und nach respektabler. Am 9. August 1896 wurde er bei einem Probeflug von einer Windbö erfasst und stürzte ab. „Opfer müssen erbracht werden", waren seine letzten Worte, bevor er am Tag darauf seinen schweren Verletzungen erlag.

▲ Sein Flugrekord lag bei 23 Metern Höhe und 250 Metern Weite – Otto Lilienthal (1848 bis 1896) auf einer um 1885 entstandenen Porträtaufnahme.

Wusstest du, dass …

► der technisch innovative Lilienthal rund 20 Patente in seinem Leben erwarb, vier davon im Bereich Aeronautik?

► Lilienthal zwischen 1889 und 1896 insgesamt 18 Flugapparate konstruierte und rund 2000 Flugversuche unternahm?

► der Flieger seine Flugversuche von einem 15 Meter hohen künstlich errichteten Hügel, dem „Fliegeberg" bei Berlin-Lichterfelde, durchführte, den es heute noch gibt?

► Hunderte von Notizen, Briefen und Zeichnungen von den geradezu wissenschaftlichen Studien zeugen, die die Wrights vor ihren Flugversuchen durchführten?

► Orville Wright beim ersten Motorflug nur zwölf Sekunden in der Luft war? Der vierte Flug der Brüder dauerte dann allerdings schon fast eine Minute.

Waren die Brüder Wright die ersten Menschen, die flogen?

Nein, diese Pioniertat vollbrachte der Deutsche Otto Lilienthal, aber den Amerikanern gelang 1903 der erste Motorflug mit einem zwölf PS starken Doppeldecker. Die Erfolge, die die Brüder Wright bei ihren vielen Flugexperimenten verbuchen konnten, waren bahnbrechend, auch für die Entwicklung der Fliegerei in Europa.

Wo sind noch heute ähnliche Flugapparate im Einsatz?

Im Freizeitsport. Das heutige Drachenfliegen geht auf den NASA-Ingenieur Francis Melvin Rogallo zurück, der für Fallschirme eine flexible, quadratische Tragfläche aus Stoff konstruierte. 1961 hat sie der US-Amerikaner Barry Hill Palmer zum ersten Hängegleiter aus Bambus und Cellophan weiterentwickelt, der damit zum ersten Drachenflieger der Welt wurde. Mitte der 1960er Jahre fand dieser neue Luftsport besonders in den Küstenregionen der USA immer mehr Freunde. Die „Freiheit der Lüfte" fügte sich perfekt ein in das Lebensgefühl der Flower-Power-Generation. Ende der 1960er Jahre wurden modernere Werkstoffe eingesetzt. Mit der Erfindung des Steuerbügels kam die entscheidende Verbesserung in der Steuertechnik.

Wie begann das Interesse der Wrights an der Fliegerei?

Nach Lilienthals Tod begannen die Brüder, sich mit den aerodynamischen Gesetzen zu beschäftigen. Ihre theoretischen Vorbereitungsarbeiten waren gründlich und systematisch: Die Wrights kamen auf die Idee, die Flügelspitzen so zu konstruieren, dass man sie durch das Ziehen an Drähten gegenläufig auf- und absenken konnte. Durch diese „verwindbaren" Tragflächen in Verbindung mit dem Seitenruder wurde der Kurvenflug und damit die volle Manövrierbarkeit von Flugzeugen möglich.

Wann gingen die Brüder in die Luft?

Das war in den Jahren 1900 bis 1903, als sie mit von ihnen selbst konstruierten Gleitern erstmals den Himmel eroberten. Die spektakulären Flüge fanden in Kitty Hawk in North Carolina statt.

Wer unternahm den ersten Motorflug?

Es war Orville Wright. Das Flugzeug mit Motor und zwei Propellern hatten die beiden Brüder selbst gebaut. Der Doppeldecker erhielt den Namen Flyer und wurde nach Kitty Hawk transportiert. Als Erster stieg Wilbur in die Maschine, aber er würgte beim Start den Motor ab. Die Brüder warfen eine Münze, um auszulosen, wer nun als Nächster an der Reihe sei, und so kam es, dass Orvilles Name in die Geschichte einging. Er war es, dem am 17. Dezember 1903 um 10.35 Uhr der erste gesteuerte Motorflug der Welt gelang.

▲ Der Durchbruch ist geschafft – mit dem Doppeldecker Flyer I gelang den Gebrüdern Wright im Jahr 1903 der erste gesteuerte Motorflug.

▲ Gemeinsam stark – die beiden Brüder Orville (links, 1871–1948) und Wilbur Wright (1867–1912).

▲ Die Flüge der Brüder Wright begeisterten stets das staunende Publikum.

▲ Max Planck (1858–1947) in seiner Bibliothek (1942).

Gründete Max Planck die Gesellschaft, die seinen Namen trägt?

Nein. Die Max-Planck-Gesellschaft (MPG) zur Förderung der Wissenschaften wurde erst 1948 gegründet. Das war ein Jahr nach seinem Tod. Sie war die Nachfolgeorganisation der Kaiser-Wilhelm-Gesellschaft, deren Präsident Max Planck, einer der Väter der Atomphysik, bis ins hohe Alter war.

Wie war der große Physiker als Schüler?

In der Schule galt der am 23. April 1858 in Kiel geborene Karl Ernst Ludwig Max Planck als hochbegabt, es lagen ihm ganz besonders der musische und der sprachliche Bereich.

Max, der in München das Maximiliansgymnasium besuchte, war ein braver und gewissenhafter Schüler. Fast jährlich erhielt er den Schulpreis für sittliches Betragen. Sein Abitur schloss er 16-jährig mit Bravour ab. Nach langem Schwanken entschied er sich schließlich für die Physik als Studienfach.

Wie verlief Plancks Karriere?

Für Max Planck begann eine außerordentliche Karriere. Sein Studium in München und Berlin schloss er mit

der Promotion ab, um sich bereits im darauf folgenden Jahr zu habilitieren, wodurch er eine Lehrtätigkeit an der Universität aufnehmen durfte. Er ging als Privatdozent wieder nach München, 1885 wurde er, erst 27-jährig, als außerordentlicher Professor für mathematische Physik nach Kiel, später nach Berlin berufen. Dort erhielt er auch einen Lehrstuhl für theoretische Physik, später wurde er Direktor der Berliner Universität.

Max Planck bekam 1918 den Nobelpreis für Physik und zahlreiche weitere Preise und war Mitglied in führenden wissenschaftlichen Organisationen. Der Wissenschaftler hatte mit seiner ersten Frau vier Kinder, später heiratete er ein zweites Mal.

Je älter Max Planck wurde, umso enger verband er Naturwissenschaft mit Philosophie. Mit Artikeln und vor allem Vorträgen wandte er sich auch an eine breite Öffentlichkeit. Er wollte Denkansätze liefern und das Weltbild der „nach Wahrheit und Erkenntnis ringenden Menschen, vor allem der Jugend" formen helfen. 1930 wurde Max Planck zum Präsidenten der führenden Vertretung der deutschen Wissenschaftler, der Kaiser-Wilhelm-Gesellschaft zur Förderung der Wissenschaften, gewählt.

Entdeckte das Ehepaar Curie die Radioaktivität?

Nein, aber Marie und Pierre Curie führten den Begriff „Radioaktivität" in die Wissenschaft ein. Ausgehend von Henri Becquerels Entdeckung, dass Uran Strahlen aussendet, begannen sie, dieses Phänomen zu erforschen. Es gelang ihnen, aus dem Mineral Pechblende, das auch das Uran hergibt, zwei Substanzen von

Welche bahnbrechenden Entdeckungen machte Planck?

Planck gilt als der Begründer der Quantenphysik. Er befasste sich zunächst mit der Thermodynamik, also der Wärmelehre, als Teilgebiet der klassischen Physik. Über seine Quantenforschung entdeckte er eine neue Naturkonstante, das nach ihm benannte „Planck'sche Wirkungsquantum", und leitete daraus das „Planck'sche Strahlungsgesetz" ab. Diesem zufolge verläuft die Emission von Strahlung nicht gleichmäßig, sondern sprunghaft, in Energieportionen, den sogenannten Quanten. Man geht davon aus, dass elektromagnetische Strahlung die Eigenschaften sowohl von Wellen als auch von Teilchen beinhaltet. Aus diesen Untersuchungen entwickelte sich die Quantentheorie, die das Verhalten von Atomen, Molekülen oder auch Elementarteilchen beschreibt.

weitaus stärkerer Strahlungsaktivität als Uran zu extrahieren. Sie nannten sie „Polonium" und „Radium".

▲ Im Forschungslabor an der Pariser Sorbonne (um 1905): In gemeinsamer Forschungsarbeit untersuchten Marie Curie (1867–1934) und Pierre Curie (1859–1906) die radioaktive Strahlung.

Was leisteten sie für die Atomphysik?

Marie und Pierre Curie gingen der Frage nach, wie die Strahlungen entstanden beziehungsweise ob sie durch äußere oder innere Kräfte bewirkt wurden. Nach endlosen Versuchen und der Knochenarbeit der Isolierung – mehr als eine Tonne Pechblende ergibt nur 0,1 Gramm Radium – konnten sie die These erhärten, dass aus dem Inneren der Elemente durch gewaltige Eigenbewegung kleinste Teilchen herausgeschleudert werden. Damit war die bis dahin vorherrschende Meinung von der Unteilbarkeit der Atome widerlegt, der erste, ungemein folgenreiche Blick in die Atomstruktur getan.

Wurden die Mühen der Curies belohnt?

Im Dezember 1903 erhielten Marie und Pierre Curie gemeinsam mit Henri Becquerel den Nobelpreis für Physik – Marie Curie war die erste Preisträgerin. Der mit der Auszeichnung verbundene Geldsegen war hoch willkommen, denn da die Curies eine Patentierung ihrer Entdeckungen ablehnten, mussten sie von Lehraufträgen an Instituten und Gymnasien leben An seinen Erfolgen konnte Pierre sich allerdings nicht lang erfreuen: 1906 erlitt er einen tödlichen Verkehrsunfall.

Wie machte Marie Curie nach dem Tod ihres Mannes weiter?

Die Forschung und ihre Kinder bewahrten Marie Curie vor der Verzweiflung. Sie publizierte in erstaunlichem Ausmaß, hatte Erfolg bei den Versuchen, elementares Radium zu isolieren und erarbeitete die Definition für den internationalen Radiumstandard, der den Namen „Einheit Curie" bekam. 1911 nahm sie in Stockholm den Nobelpreis für Chemie entgegen, 1914 zog sie in das für sie eingerichtete Radium-Institut in der Rue Pierre Curie ein, das zum Vorbild des Warschauer Radium-Instituts wurde.

▲ Irène Joliot-Curie (1897 bis 1956), die Tochter von Marie und Pierre Curie, mit Albert Einstein. Sie erhielt zusammen mit ihrem Mann 1935 den Chemie-Nobelpreis für die Entdeckung der künstlichen Radioaktivität.

Woran starb die Forscherin?

Marie Curie erlag einer schweren Blutkrankheit, die auf die Strahlenbelastung zurückzuführen war. So hatte der besessene Forscherdrang, der Marie Curie antrieb, die Radioaktivität zu ergründen, seinen hohen Preis gefordert. Tagtäglich hatten sie und ihr Mann sich den Strahlen ausgesetzt und hatten gar durch Selbstexperimente deren Wirkung erprobt. Bereits im Jahr 1903 hatte Marie Curie eine Fehlgeburt erlitten; von den 1920er Jahren an häuften sich Hör- und Sehstörungen, es folgten Augenoperationen. 1934 starb sie in einem französischen Sanatorium an Leukämie.

Welche Krankheit erforschte Koch?

Vor allem die Tuberkulose. Der Bakteriologe hatte bereits 1876 durch die Entdeckung des Milzbranderregers Schlagzeilen gemacht und sich 1882 der Aufgabe verschrieben, die Ursache der Tuberkulose herauszufinden. Die auch Schwindsucht genannte Infektionskrankheit war in der armen Bevölkerungsschicht sehr verbreitet.

▲ Der aus einfachen Verhältnissen stammende Robert Koch (1843–1910) erwarb sich große Verdienste in der Medizin.

Widmete sich der Mediziner gleich der Forschung?

Koch tat sich bereits im Studium bei der wissenschaftlichen Forschung hervor und verfasste mehrere Abhandlungen im Bereich der Anatomie und Physiologie. Nachdem er 1866 sein Medizinstudium in Berlin abgeschlossen hatte, arbeitete er in einem Hamburger Krankenhaus und später an verschiedenen Orten als Landarzt. Eine wissenschaftliche Karriere wäre ihm zwar lieber gewesen, doch dazu fehlten die finanziellen Mittel. Das wurde erst anders, als er 1872 in Wollstein in der Provinz Posen eine Anstellung als Kreisphysikus annahm.

▲ Koch verbesserte die Methoden und technischen Instrumente der Bakteriologie.

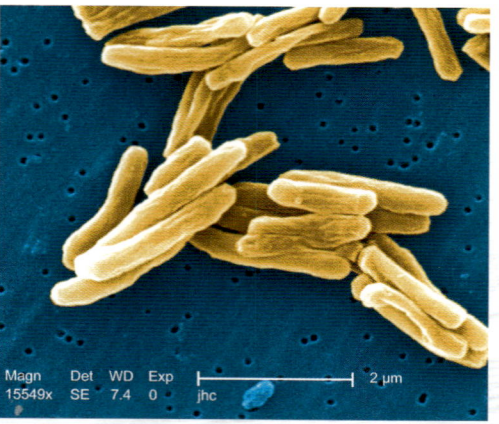

▶ Dem Erreger auf der Spur: eine gezüchtete Kolonie des Tuberkel-Bazillus.

Was brachte Koch der Naturwissenschaft?

Dem mikroskopisch unterstützten Auge blieben damals zahlreiche Mikroorganismen mangels geeigneter Technik verborgen. Robert Koch widmete sich der Verbesserung der technischen Möglichkeiten bei der bakteriologischen Forschung. Er förderte die Einführung der noch jungen Technik der Fotografie in der Mikroskopie und verfolgte die Entwicklung leistungsfähigerer Mikroskope.

Mit der Entdeckung des Tuberkuloseerregers erlangte Robert Koch 1882 Weltberühmtheit und genoss dementsprechend als Kapazität auf dem Gebiet der Infektionskrankheiten und der Bakteriologie ein hohes Ansehen.

Was macht das Robert-Koch-Institut heute?

Das Robert-Koch-Institut (RKI) nimmt heute als selbstständige Bundesoberbehörde Aufgaben der Krankheitsüberwachung und der Seuchenprävention wahr. Auch auf dem Gebiet der biologischen Sicherheit wird es tätig, wenn etwa Anschläge mit Seuchenerregern drohen. In diesem Zusammenhang richtete man am Institut das Zentrum für Biologische Sicherheit (ZBS) ein. Das Robert-Koch-Institut ging aus der 1891 gegründeten wissenschaftlichen Abteilung des „Königlich Preußischen Instituts für Infektionskrankheiten" hervor. Diese Abteilung wurde bis 1904 von Robert Koch selbst geleitet und 1912, zwei Jahre nach seinem Tod, auch nach ihm benannt.

Welchen Erreger erforschte Koch noch?

Nach den Tuberkulosebakterien wandte er sich den Erregern der Cholera zu. 1883/84 nahm er an zwei Expeditionen nach Ägypten und Indien teil. Ihm gelang es 1884 in Indien, den Choleraerreger zu identifizieren, und wiederum machte er die hygienischen Verhältnisse der in Armut lebenden Menschen als Ursache für die Entstehung der Epidemien aus.

Wusstest du, dass …

▶ Röntgen gar kein Abitur hatte? Er war aus disziplinarischen Gründen vorzeitig der Schule verwiesen worden. Studium und Habilitation musste er darum in der Schweiz bzw. in Frankreich absolvieren.

▶ eines der ersten Röntgenbilder die Hand der Frau des Forschers zeigt? Er hatte die Aufnahme einer seiner wissenschaftlichen Arbeiten beigefügt. Auf ihr ist neben den Knochen deutlich der Ring an einem Finger zu erkennen.

Im Jahr 1885 erhielt Robert Koch den Lehrstuhl für Hygiene an der Berliner Universität und leitete dort das Institut für Infektionskrankheiten. Das Professorenamt gab Koch 1890 zurück, denn er wollte sich verstärkt der Entwicklung seines Tuberkulin genannten Heilmittels gegen Tuberkulose widmen.

Mit 61 Jahren beendete Robert Koch seine aktive Arbeit am Hygiene-Institut. Im Jahre 1905 wurde ihm der Nobelpreis für Medizin verliehen. Er starb am 27. Mai 1910.

versität Zürich ein Aufbaustudium der Physik bei dem bekannten deutschen Physiker August Kundt (1839–1894) an, der ihn zu fördern begann. Von diesem Zeitpunkt an verschrieb sich Röntgen ganz der experimentellen, aber auch der theoretischen Physik. 1869 wurde er in Zürich in Physik promoviert, im Jahr darauf begleitete er seinen Lehrer Kundt als wissenschaftlicher Assistent an die Universität Würzburg.

Wilhelm Konrad Röntgen habilitierte sich 1874 in Straßburg, 1879 erhielt er den ersehnten Ruf als ordentlicher Professor: Röntgen wurde Lehrstuhlinhaber an der Universität Gießen, er verfügte damit zum ersten Mal in seiner wissenschaftlichen Laufbahn über ein festes Gehalt. Am 1. Oktober 1888 erfolgte dann die Berufung auf ein Ordinariat für Physik an der Universität Würzburg. Hier sollte Röntgen seine größte wissenschaftliche Leistung gelingen: die Entdeckung der X-Strahlen.

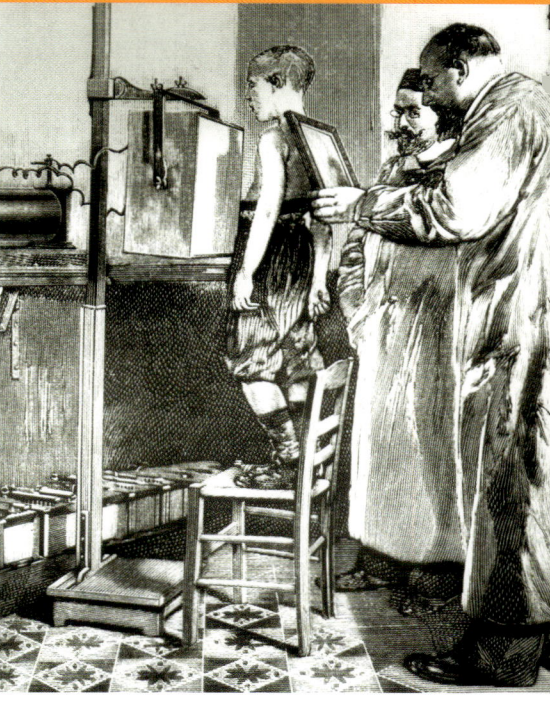

▲ In früheren Zeiten musste bei Röntgenaufnahmen noch viel improvisiert werden. Heute sind Röntgenlabors hochtechnisiert.

Wie kam Röntgen zur Physik?

Der am 27. März 1845 in Remscheid geborene Wilhelm Conrad Röntgen geriet über Umwege zur Physik. Nach schlechten schulischen Leistungen in Chemie und Physik schloss er 1868 am Polytechnikum in Zürich ein Maschinenbaustudium ab. Dann erst fing er an der Uni-

Welche Auswirkung hatte die Entdeckung der Röntgen-Strahlen?

Schon bald wurden die Röntgenstrahlen, wie sie später entgegen Röntgens Wunsch offiziell genannt wurden, bei medizinischen Untersuchungen angewandt. Die vom menschlichen Auge nicht wahrnehmbaren Strahlen durchdringen Haut und Weichteile und werden nur von Knochen und anderen harten Strukturen, wie beispielsweise Metall, absorbiert. Auf diese Weise wurde zum Beispiel in Amerika mit ihrer Hilfe der Sitz einer Kugel bei einem Angeschossenen genauestens lokalisiert.

Wilhelm Konrad Röntgen hatte somit die Medizindiagnostik revolutioniert und neue therapeutische Möglichkeiten geschaffen. Er hatte darüber hinaus die Analyse unterschiedlicher Materialien deutlich verbessert und zur Strukturaufklärung von Kristallen und Makromolekülen beigetragen.

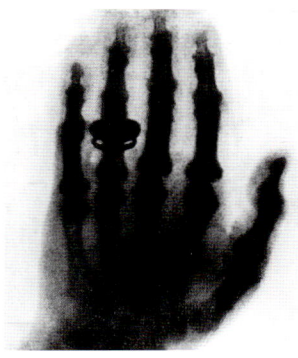

▲ Mithilfe der Röntgenstrahlen ließen sich die Knochen des Menschen sichtbar machen: hier ein frühes Röntgenbild einer Hand mit Ringen aus dem Jahr 1896.

▲ Für seine Entdeckung der Röntgenstrahlen wurde Wilhelm Conrad Röntgen (1845–1923) 1901 der erste Nobelpreis für Physik verliehen.

▲ Ein jüdischer Gelehrter, der das Weltbild unserer Zeit revolutionierte: der Physiker Albert Einstein (1879–1955), der Begründer der Relativitätstheorie, hier auf einer Aufnahme aus dem Jahr 1931.

Wunderjahr für die Physik, folgte rasch der wissenschaftliche Aufstieg Einsteins bis zur Berliner Professur, die ihm Max Planck 1913 antrug.

Woran arbeitete der Wissenschaftler hauptsächlich?

Einstein arbeitete ab 1913 intensiv an seiner allgemeinen Relativitätstheorie. Sie führte die spezielle Relativitätstheorie von 1905 fort und wurde 1915 vollendet. Er ging dabei auch auf die Ablenkung von Sternenlicht durch das Gravitationsfeld der Sonne ein. Einsteins ureigene Fähigkeit war es, überraschende Zusammenhänge zwischen vorher nur getrennt betrachteten physikalischen Phänomenen herzustellen. Das Bild eines fahrenden Zugs zum Beispiel brachte ihn dazu, ruhende und mitbewegte Bezugssysteme als gleichwertig zu betrachten, Raum und Zeit schließlich zu einem vierdimensionalen Raum-Zeit-Kontinuum zu vereinheitlichen und so unsere herkömmlichen Vorstellungen außer Kraft zu setzen.

Welchen Stellenwert hat die Relativitätstheorie?

Als britische Astronomen 1919 bei einer Sonnenfinsternis in den Tropen die Ablenkung des Sternenlichts durch die Masse der Sonne fotografierten, konnten sie damit auch Einsteins Theorie bestätigen. Die „New York Times" schrieb, Einstein habe Newtons Weltbild revolutioniert. Und tatsächlich wurde sie neben der Quantentheorie zum Symbol der modernen Physik.

Zugleich zeigte aber dieser ungemein große Erfolg, dass Deutschland immer noch eine wissenschaftliche Führungsrolle hatte, obwohl es

Wie schaffte Albert Einstein den Durchbruch als Wissenschaftler?

Albert Einstein war zunächst vollkommen unbekannt. Er war ein „Technischer Experte 2. Klasse" am Berner Patentamt und veröffentlichte 1905 auf einen Schlag drei wissenschaftliche Arbeiten, mit denen der 26-Jährige gleich auf mehreren Gebieten der Physik Bahnbrechendes leistete: Er erklärte die Brown'sche Molekularbewegung, interpretierte das Licht als Quanten und stellte die spezielle Relativitätstheorie auf.

Mit diesem Coup betrat der 1879 in Ulm geborene und mit den Eltern über München und Mailand in die Schweiz gezogene Einstein die wissenschaftliche Bühne. Nach 1905, diesem

Wusstest du, dass …

▶ Einstein 1952 das Amt des Staatspräsidenten Israels angeboten wurde? Er lehnte es ab.
▶ Einstein politisch aktiv war? Er setzte sich als Vertreter für Deutschland im Völkerbund ein und propagierte die Idee der „Vereinigten Staaten von Europa".

militärisch besiegt und wirtschaftlich zerstört war. Einstein hatte Sympathie für die junge Weimarer Republik und ihre nach Orientierung suchende Gesellschaft zeigte großes Interesse an der Relativitätstheorie. Da Albert Einstein große Auftritte liebte, geriet er zum wissenschaftlichen Medienereignis und wurde ein Weltstar. Auf seinen Auslandsreisen in die USA und nach Japan hatten Einsteins Auftritte gar zu Reaktionen geführt, die Beobachter als „Massenhysterie" bezeichneten.

Hatte Einstein wirklich eine Vier in Mathe?

Das Genie Einstein soll ein schlechter Schüler gewesen sein. Das wird zumindest immer wieder behauptet. Leider ist es eine Legende, denn Albert Einstein war ein relativ guter Schüler. Nur an Sport und Sprachen hatte der Schüler Einstein kein Interesse. Seine schlechten Leistungen in diesen Fächern reichten allerdings nie, um sitzen zu bleiben. Ein braver Schüler war Albert Einstein nicht. Er galt unter der Lehrerschaft als gleichgültig und respektlos. Apropos respektlos: Seinen Sinn für Humor zeigte Einstein ganz deutlich 1951, als er einem Fotografen die Zunge herausstreckte.

Wurde seine Theorie zu Ende geführt?

Nein. Die allgemeine Feldtheorie, an der Einstein bis zu seinem Tod im Jahr 1955 arbeitete und welche die Gravitation mit den anderen physikalischen Kräften verbinden sollte, fand bis heute keine vollständige Lösung. Auch seine Ideen von Rüstungskontrolle, Weltregierung und allgemeinen Bürgerrechten blieben Visionen, die sich durch keine elegante Formel haben lösen lassen.

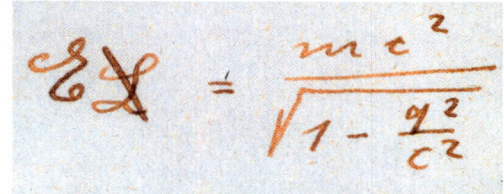

$$\mathcal{E} = \frac{mc^2}{\sqrt{1 - \frac{q^2}{c^2}}}$$

◀ Von Hand schrieb Albert Einstein die Formel von der Relativität der Masse nieder – das Kernstück seiner Relativitätstheorie.

Wirkte Einstein am Bau der Atombombe mit?

Nein, aber Einstein, der seit 1932 in den USA lebte, gab mit den Anstoß, diese Bombe zu bauen. Durch seine zwei Briefe an US-Präsident Roosevelt Ende 1939 und Anfang 1940 wurde er Mitinitiator der amerikanischen Atombombe, die seine These der Umwandelbarkeit von Masse in Energie demonstrierte ($E=mc^2$). Einstein war eigentlich absoluter Gegner von Einsätzen der Atombombe. Sein Interesse war rein wissenschaftlich.

Vor allem seine Prominenz verschaffte der Furcht vor einer deutschen Atombombe beim US-Präsidenten Gehör. Am Bau der Bombe selbst war Einstein nicht beteiligt, er galt eher als Sicherheitsrisiko, und seine Bitte, nach der Kapitulation Deutschlands auf den Einsatz von Atombomben zu verzichten, fand keine Beachtung – 1945 wurde die erste Atombombe über der japanischen Stadt Hiroschima abgeworfen.

▲ Albert Einstein mit seiner zweiten Ehefrau Elsa. 1921 erhielt Einstein für seine Arbeit über den Photoeffekt den Nobelpreis für Physik.

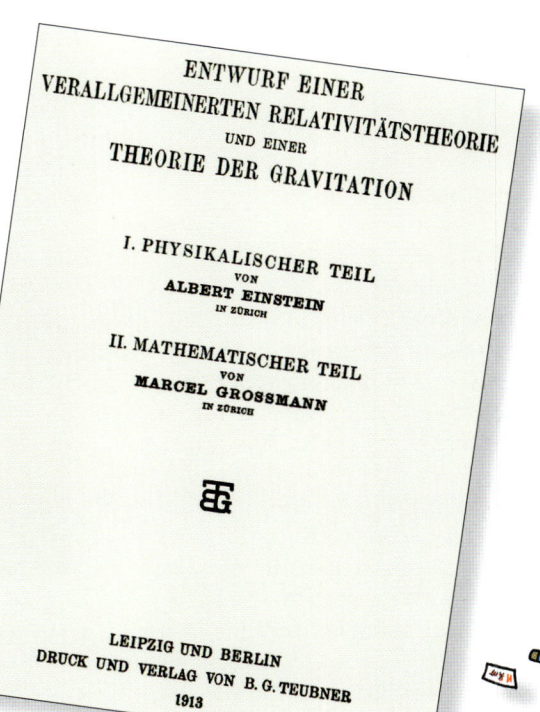

ENTWURF EINER VERALLGEMEINERTEN RELATIVITÄTSTHEORIE UND EINER THEORIE DER GRAVITATION

I. PHYSIKALISCHER TEIL VON ALBERT EINSTEIN IN ZÜRICH

II. MATHEMATISCHER TEIL VON MARCEL GROSSMANN IN ZÜRICH

LEIPZIG UND BERLIN DRUCK UND VERLAG VON B. G. TEUBNER 1913

▶ Titelblatt der Erstausgabe von Albert Einsteins Relativitätstheorie aus dem Jahr 1913.

Relativitätstheorie auf die Entstehung des Universums an, nehmen Zeit und Raum ihren Anfang in einer Urknallsingularität, dem „Big Bang", und finden ihr Ende in der Finsternis eines Schwarzen Lochs.

Diese These wurde zu Beginn des 21. Jahrhunderts dank neuer Erkenntnisse der Astronomie widerlegt. Mittlerweile weiß man, dass die Schwerkraft nie die Ausdehnung des Universums aufhalten kann, weil es zu wenig Materiedichte hat.

Was passiert mit den Schwarzen Löchern?

Im Jahr 1974 überraschte Hawking die Fachwelt mit der Erkenntnis, dass Schwarze Löcher gleichsam „verdampfen", indem sie subatomare Partikel abstrahlen, bis ihre Energie erloschen ist. Die Entdeckung dieses physikalischen Phänomens, später „Hawking-Strahlung" genannt, machte ihn zu einem weltberühmten Wissenschaftler, sicherte ihm einen Platz in der Geschichte der Physik und die Aufnahme in die Royal Society als eines der jüngsten Mitglieder aller Zeiten. Erstmals war es gelungen, Relativitätstheorie und Quantentheorie zumindest ansatzweise im Konzept der Strahlung Schwarzer Löcher zu vereinen.

▲ Vorlesungen und Vorträge von Stephen Hawking (geb. 1942) sind regelmäßig überfüllt.

Wie kam Stephen Hawking zur Physik?

Hawking trat 17-jährig in das University College, Oxford, ein. Er interessierte sich für Mathematik, aber weil in diesem Fach keine geeigneten Kurse angeboten wurden, belegte er Physik. Als Doktorand an der Universität Cambridge im Fachbereich für angewandte Mathematik und theoretische Physik lag sein Forschungsschwerpunkt auf Kosmologie.

Womit beginnt das Universum?

Mit dem Urknall. Nach Abschluss seiner Doktorarbeit 1965 arbeitete Hawking bis 1970 eng mit dem Mathematiker Roger Penrose zusammen. Die beiden entwickelten die sogenannten Singularitätstheoreme für den Anfang des Universums und der Zeit. Wendet man Einsteins

▲ Komplexe Zusammenhänge werden von Hawking auch für interessierte Laien verständlich dargestellt, so auch in seinem berühmten Buch „Das Universum in der Nußschale" – im Bild das Cover von 2001.

Wo enden Raum und Zeit?

Sie enden gar nicht. Sieben Jahre nach seiner spektakulären Entdeckung präsentierten Hawking, seit 1979 Professor in Cambridge, und sein US-amerikanischer Kollege James Hurtle die „Keine-Grenzen-Bedingung". Nach dieser Theorie bilden Raum und Zeit in der imaginären Zeit, die wie eine räumliche Dimension in beiden Richtungen durchmessen werden kann, eine geschlossene Oberfläche ohne Begrenzungen.

Wusstest du, dass …

▶ die 1988 veröffentlichte „Kurze Geschichte der Zeit" von Hawking eines der meistverkauften naturwissenschaftlichen Bücher des 20. Jahrhunderts ist?

▶ Hawking in einer Episode der Fernsehserie „Star Trek" zusammen mit Albert Einstein, Isaac Newton und Commander Data eine formidable Pokerrunde bildet?

▶ zu seinen wichtigsten Veröffentlichungen „Superspace and Supergravity" (1981) und gemeinsam mit Penrose „The Nature of Space and Time" zählen?

Welche Krankheit hat Hawking?

Hawking leidet seit Anfang der 1960er Jahre an amyotrophischer Lateralsklerose, einer unheilbaren degenerativen Erkrankung des Nervensystems, die ihn an den Rollstuhl fesselt.

◀ Stephen Hawking 1988 unter dem Porträt von Sir Isaac Newton, dem Begründer der klassischen Physik, der wie er selbst Mathematik-Professor in Cambridge war.

kanntheit dieses Physikers kommt nicht allein von seinen wissenschaftlichen Leistungen. Sehr medienwirksam äußert er sich immer wieder öffentlich zu strittigen Themen, wie etwa der Gentechnologie. Sein manchmal provokantes, manchmal schelmisches Auftreten tragen auch dazu bei, dass Hawking eine Art Popikone der Wissenschaft darstellt.

Was macht den Physiker so populär?

Schon im Jahr 1977 übertrug die BBC dem Physiker eine eigene wissenschaftliche Sendereihe, die „The Key of the Universe" – „Der Schlüssel zum Universum" – hieß. Aber so ganz erfüllte auch das junge Genie die Hoffnung nicht, eine umfassende „Weltformel" zu liefern, die endlich all die Geheimnisse des Universums aufdecken würde. Zumindest jedoch erhielt Stephen Hawking Gelegenheit, seine überragende Begabung im Umgang mit der medialen Öffentlichkeit zu beweisen.

Hawking weist allerdings selbst immer wieder darauf hin, dass auch seine Theorien nur solange Gültigkeit besitzen, bis sie von einer zutreffenderen Erklärung der Wirklichkeit abgelöst werden. Den Reden folgten Taten: 2004 revidiert er aufgrund neuer Erkenntnisse die von ihm selbstentwickelte Theorie der Hawking-Strahlung. Doch die einzigartige Be-

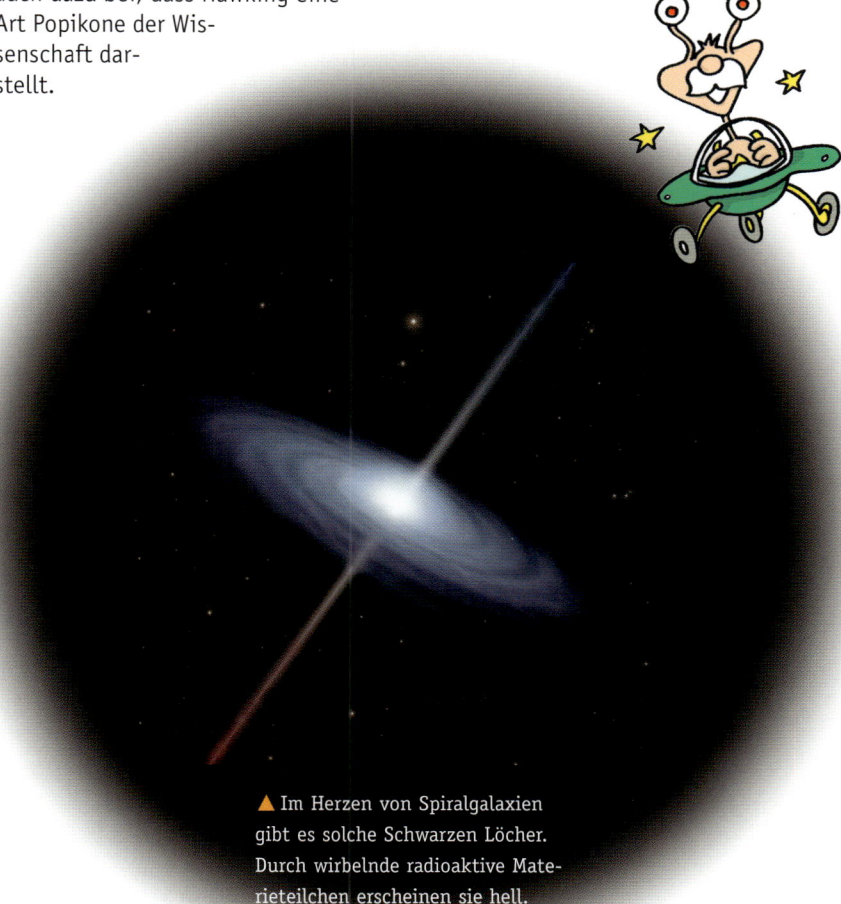

▲ Im Herzen von Spiralgalaxien gibt es solche Schwarzen Löcher. Durch wirbelnde radioaktive Materieteilchen erscheinen sie hell.

49

Siegeszug. Im Sommer 1975 gründeten Gates und Allen die Firma „Microsoft", die Software für die zusammengeschraubten Kisten verkaufte. Bald bot Microsoft verschiedene Programmiersprachen an, von denen Basic zu großen Teilen von Bill Gates geschrieben wurde. Die Software wurde oft im Bündel mit Computerbausätzen vertrieben, denn niemand war bereit, für Software zu bezahlen. Mit einem „Offenen Brief an die Hobbysten" wurde Gates 1976 bekannt. Darin beklagte er die fehlende Zahlungsmoral und redete offen vom Diebstahl der Software.

Wie wurde das Betriebssystem so populär?

Im Jahr 1980 kontaktierte der Weltkonzern IBM Bill Gates auf der Suche nach einem billigen Betriebssystem für einen Personal Computer. Gates reagierte prompt und kaufte für 50 000 Dollar ein Betriebssystem, das Microsoft in kürzester Zeit zu MS-DOS weiterentwickelte. Der IBM-PC wurde ein riesiger Erfolg. Microsoft verdiente an jedem dieser Rechner zehn Dollar und hatte sich ein Standbein geschaffen, das bis in die 1990er Jahre für kontinuierliche Einnahmen sorgte. Als Paul Allen krankeitsbedingt die Firma verließ, kündigte Gates im Jahr 1983 die Arbeit an einer grafischen Benutzeroberfläche an, mit der jeder ei-

▲ Mit der Entwicklung und Vermarktung seiner Software wurde Bill Gates (geb. 1955) zum reichsten Mann der Welt.

Wie kam Gates zum Programmieren?

William Henry Gates wurde am 28. Oktober 1955 als zweites Kind von Bill und Mary Gates geboren. An der Lakeside School fiel er mit seinen mathematischen Leistungen auf und durfte 1968 die ersten kleinen Computerprogramme schreiben. Er lernte den älteren Paul Allen (geb. 1953) kennen und verbrachte mit ihm jede freie Minute am Computer. Als Allen ein Studium der Computerwissenschaften begann, gründete er mit dem Schüler Bill Gates im Herbst 1971 die Firma Traf-O-Data. Sie sollte Kleincomputer für die Verkehrszählung herstellen.

Gab es schon den PC?

Er steckte in den Anfängen: Mit Bausätzen für Bastler begann der Personal Computer Anfang 1975 seinen

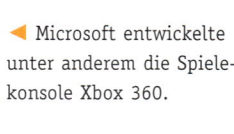

◄ Microsoft entwickelte unter anderem die Spielekonsole Xbox 360.

nen Computer bedienen könnte. Es dauerte bis 1985, ehe das von Gates gepriesene Windows erschien.

Wusstest du, dass …

▶ Gates für seine neugegründete Firma Microsoft sein Jura-Studium in Harvard abbrach?

▶ sich Gates mit seinem mehrfach überarbeiteten Buch „Der Weg nach vorn – Die Zukunft der Informationsgesellschaft" auch als Buchautor etablierte?

▶ Bill Gates nach seinem Tod seinen Kindern „nur" 0,02 Prozent seines Gesamtvermögens hinterlassen will? Das entspricht 10 Millionen US-Dollar. Den Rest seines Vermögens will er zu wohltätigen Zwecken verwenden.

▶ von den deutschen Einnahmen der Bücher des Firmengründers bis heute der „Road Ahead"-Preis bestritten wird, mit dem jährlich deutsche Schulen für die beste Internet-Darstellung ausgezeichnet werden?

Wozu wurde Windows erfunden?

Mit der Einführung von Windows 3.0 gewann das Betriebssystem über Nacht viele Anhänger, zudem war die Microsoft-Anwendersoftware inzwischen so gereift, dass sie als „Office-Paket" unter Windows vermarktet werden konnte. Bill Gates hatte damit allen Konkurrenten ein Schnippchen geschlagen. Der einmal erreichte Vorsprung wurde beharrlich ausgebaut.

Hat Bill Gates den Computer erfunden?

Nein. Bereits 1941 gab es den ersten Computer von Konrad Zuse (Zuse 3). Den wirklich ersten Computer kann man allerdings nicht genau feststellen. Bill Gates tritt bei der Entwicklung des Computers deshalb so weit in den Vordergrund, weil er für eine einfach zu benutzende Oberfläche verantwortlich ist.

Wie eroberte Gates das Internet?

Im Jahr 1995 überraschte die stürmische Entwicklung des Internets Bill Gates, der zu diesem Zeitpunkt einen eigenen Datendienst plante. Er stoppte die komplette Entwicklung, kaufte einen Internet-Browser und ließ diesen mit höchster Priorität entwickeln. Schließlich wurde die Technik in die Betriebssysteme von Microsoft eingebunden und damit verschenkt. Es dauerte kein Jahr und Microsoft war auch hier Marktführer. Sechs Jahre später befand ein US-Gericht, dass Microsoft bei seiner Vorgehensweise seine Marktmacht unzulässig einsetzte, konnte sich aber nicht zu einer Verurteilung durchringen. Im Zuge der juristischen Auseinandersetzungen zog sich Bill Gates schrittweise vom Tagesgeschäft zurück, blieb aber Chef-Architekt von Microsoft.

▲ Der Computer ist aus Schule und Kinderzimmer nicht mehr wegzudenken. Mit seiner Hilfe wird gelernt und er ist ein stets verfügbarer Spielpartner.

▲ Mit einer großen Pressekonferenz führte Microsoft Ende 2005 die Spielkonsole Xbox 360 in den Vereinigten Staaten und Europa ein.

Abenteurer und Visionäre

Neugier, unstillbarer Wissensdurst und Forscherdrang sind seit jeher entscheidende Merkmale der menschlichen Natur. Neues zu entdecken, bestehende Phänomene zu erklären oder dem Rätsel um die eigene Vergangenheit auf den Grund zu gehen, sind Motive, die die Menschen schon immer angetrieben haben, die bekannten Pfade zu verlassen und Neuland zu betreten. Viele Visionäre nahmen für das Erreichen ihres Ziels große Strapazen in Kauf, einige mussten ihren Wagemut sogar mit dem Leben bezahlen. Zahlreichen Entdeckungen wurde zunächst mit Unverständnis, Anfeindungen und Hohn begegnet und manche Forscher wurden sogar mit Strafe bedroht.

Ideen können die Welt verändern. Doch nicht immer ist es einfach, seine Ideen der Gesellschaft sowie den finanziellen und technischen Möglichkeiten zum Trotz zu verfolgen. Dieses Kapitel stellt Visionäre und Abenteurer vor, die mutig und ehrgeizig genug waren, Unbekanntes zu erforschen und die somit in der Lage waren, der Welt neue Erkenntnisse zu schenken.

Wir beginnen mit Galileo Galilei (1564–1642), dem großen Astronom, der es wagte, den Ansichten der damals strengen Kirche zu widersprechen. Weiter geht es mit Alexander von Humboldt (1769–1859), dem großen Biologen und wissenschaftlichen Schriftsteller, der von seinen Reisen wichtige Erkenntnisse mitbrachte.

Ein halbes Jahrhundert später präsentierte Charles Darwin (1809–1882) seine Evolutionslehre trotz Angst vor der Reaktion der Gesellschaft: Er zeigte, dass der Mensch nicht das Produkt göttlicher Schöpfung ist, sondern sich in einem langen Prozess entwickelt hat.

Das Kapitel schließt mit Neil Armstrong (geb. 1930), dem ersten Menschen, der den Mond betreten hat. Seine Geschichte zeigt, dass Träume, so unrealistisch sie auch zu sein scheinen, irgendwann Wirklichkeit werden können.

◀ Um Forschungsmaterial für seine Studien zur Pflanzen- und Tierwelt zu sammeln, bereiste Alexander von Humboldt Südamerika. Diese Aufnahme zeigt die Wasserfälle von Iguazu in der Abendsonne.

▶ Zweifellos eines der größten Abenteuer der Menschheit ist der erste bemannte Raumflug zum Mond, der zu allen Zeiten die Fantasie von uns Erdenbewohnern beschäftigt hat.

▲ Mit großer Spannung verfolgten Millionen von Menschen live am Fernsehen, wie die ersten Astronauten die Mondoberfläche betraten. Im Bild zu sehen ist Edwin Aldrin, fotografiert von Neil Armstrong.

◀ Doch auch auf unserem Heimatplaneten Erde gibt es viel zu erforschen. So ist die in der Nachfolge von Darwins Evolutionstherie aufgeworfene Frage nach dem Verwandschaftsverhältnis von Mensch und Affe noch nicht abschließend geklärt.

▶ An manchen Orten der Welt, wie hier im Dschungel des Amazonas, ist die Vegetation außerordentlich dicht. In solchen Gebieten finden Botaniker auch heute noch neue Pflanzenarten – wie einst Alexander von Humboldt auf seiner großen Südamerikareise.

Zu Lebzeiten verkannt – 1633 wird Galileo Galilei vor das Inquisitionstribunal in Rom zitiert. Das Urteil lautete: lebenslänglicher Hausarrest.

Wie zog sich Galileo Galilei den Zorn der Kirche zu?

Er hatte behauptet, die Erde bewege sich um die Sonne, und nicht umgekehrt. Damit hatte er es gewagt, die kirchliche Lehre in Frage zu stellen und anzuzweifeln, dass die Erde der ruhende Pol im Kosmos sei, um den sich alles dreht. In einem Prozess vor der Inquisition wurde er zu Hausarrest in seinem Landhaus in Arcetri verurteilt. Doch Galileo Galilei arbeitete fast sein ganzes Leben lang daran, die Beweise zu erbringen, dass das gängige, von der Kirche abgesegnete ptolemäische Weltbild von der Geozentrie, der zufolge die Erde der Mittelpunkt des Universums ist, nicht richtig sein könne.

Er war von dem heliozentrischen Weltbild nach Nikolaus Kopernikus überzeugt, dem zufolge sich die Erde um die Sonne dreht. Galileo Galilei beobachtete in diesem Zusammenhang die Gezeiten und baute ein Fernrohr nach niederländischem Vorbild, das er weiter verbesserte.

Übrigens: Der Doge, das Oberhaupt Venedigs, war so begeistert von den damit verbundenen neuen Möglichkeiten für Marine und Seefahrt, dass er die Entlohnung Galileis verdoppelte. Die finanziellen Probleme des Forschers wurden dadurch stark verringert.

Galileo Galilei (1564–1642) um 1636. Das Porträt stammt von Justus Sustermans und befindet sich in den Uffizien in Florenz.

War Galileo während seiner Haft untätig?

Nein, während seines Hausarrests verfasste er ab 1633 die „Discorsi e dimostrazioni matematiche", in denen er physikalische Probleme behandelte. Als einer der Ersten schrieb er die Ergebnisse seiner Forschung in italienischer Sprache nieder. Erst im Jahr 1992 wurde Galileo rehabilitiert, da die katholische Kirche die Verurteilung inzwischen als ungerechtfertigt erkannt hatte.

Wusstest du, dass …

▶ der Vater Galileo Galileis, Vincenzo, nicht nur Tuchhändler, sondern auch Musiker und Musiktheoretiker war? Galileo selbst galt als guter Lautenspieler.

▶ Galileo seine Schriften ab 1613 nicht mehr, wie für die Gelehrten üblich, in Latein abfasste, sondern auf Italienisch? Dadurch, dass er für die Darstellung seiner Erkenntnisse die Volkssprache wählte, wurden sie für jeden, der lesen konnte, verständlich.

Wozu nutzte der Forscher das Fernrohr?

Als Astronom beobachtete Galilei mit dem Fernrohr vor allem den Himmel und die Sterne. Dabei entdeckte er unter anderem, dass die Milchstraße, der helle Streifen am nächtlichen Horizont, aus unzähligen Sternen besteht. Außerdem beschrieb er die Sonnenflecken, die Oberflächenstruktur und vor allem die Krater des Mondes, die Venusphasen und er fand die vier größten Jupitermonde, wie etwa Europa oder Ganymed, die nach ihm „Galileische Monde" heißen.

Galileo Galilei erntete neben dem Missfallen seitens der Kirche, was ihm viele Steine in den Weg legte, auch enormen Ruhm. Sein Werk „Sidereus Nuntius" (Sternenbotschaft) über die neuesten astronomischen Erkenntnisse brachte ihm im Jahre 1610 die Stellung des Hofmathematikers von Florenz ein. Das eröffnete ihm die Möglichkeit, sich ganz seiner wissenschaftlichen Arbeit zu widmen.

Wie revolutionierte der Physiker die Wissenschaft?

Galilei revolutionierte die wissenschaftliche Methodik, indem er das Experimentelle und die Frage nach Gesetzmäßigkeiten in den Vordergrund stellte. Damit setzte er neue Maßstäbe in Wissenschaft und Forschung. Der italienische Mathematiker, Physiker und Astronom war ein Vorreiter, der für die geistige und wissenschaftliche Unabhängigkeit und gegen die verstaubten Ansichten und Lehren der Kirche gekämpft hat. Und als Philosoph wagte er es, den Klerikern anzuraten, die Auslegungen der Bibel zeitgemäßer zu gestalten.

Wie begann der Mathematiker seine Laufbahn?

Mit 17 Jahren fing der am 15. Februar 1564 in Pisa geborene Galileo auf väterlichen Wunsch ein Medizinstudium in Pisa an, wechselte jedoch bald zur Mathematik und zur Philosophie. Er entdeckte die Pendelgesetze, erfand die hydrostatische Waage und wurde bald Professor für Mathematik. Dann erregte er erstmals Aufsehen: Er wollte seinen Studenten beweisen, dass der bis dato nie angezweifelte aristotelische Grundsatz, dem zufolge unterschiedlich schwere Körper auch unterschiedlich schnell fallen, falsch war. Er demonstrierte dies, indem er zwei unterschiedlich schwere Gegenstände vom Schiefen Turm von Pisa fallen ließ.

War Galileo verheiratet?

Nein, aber mit Maria Gamba, der Mutter seiner zwei Töchter und seines Sohnes, lebte er ohne Trauschein zusammen. In seinen letzten Lebensjahren setzte ihm der Tod seiner Lieblingstochter schwer zu. Hinzu kamen seine Krankheiten, allem voran seine Erblindung, und die Anfeindungen und Auflagen durch die Kirche.

Wie reagierte die Kirche?

Die Forschungen und Entdeckungen der Wissenschaften empfand die Kirche als Gefahr, denn sie stellten ihre Vorstellung einer göttlich geschaffenen Welt mit der Erde als Mittelpunkt des Universums in Frage. Im Jahr 1616 wurde Galileo untersagt, das kopernikanische Weltbild als Tatsache zu behandeln. Er dürfe es lediglich als Hypothese diskutieren. Nachdem er dieses Verbot 1632 mit dem „Dialogo" gebrochen hatte, wurde ein Verfahren gegen ihn eröffnet, in dem er zu lebenslangem Hausarrest verurteilt wurde. Erst im Jahr 1992 wurde er durch Papst Johannes Paul II. rehabilitiert.

◀ Zwei Große im Dialog: Der englische Dichter John Milton besuchte auf seiner Italienreise 1638/39 den italienischen Wissenschaftler Galileo Galilei in seiner Studierstube. Das Gemälde von Titolessi aus dem Jahr 1880 zeigt diese Szene.

▲ Alexander von Humboldt und Aimé Bonpland am Fuß des Vulkans Chimborazo in Ecuador

Was machte Alexander von Humboldt berühmt?

Der deutsche Naturforscher machte auf vielen Gebieten bahnbrechende Entdeckungen und revolutionierte die Wissenschaft mit seiner empirischen Herangehensweise an die Geografie. Das Universaltalent verfügte über ein ungeheures Wissen, entdeckte als Botaniker mehrere Tausend neue Arten, erkannte die kulturellen Leistungen der indianischen Urbevölkerung Amerikas und kartierte große Teile Südamerikas. In Lateinamerika gilt er deshalb heute noch als der „zweite Entdecker Amerikas".

Humboldt hatte eine ganzheitliche Sicht der Natur. Er sah die Welt in ihren organischen und anorganischen Teilen als ein von gleichen Kräften belebtes Ganzes, das er als harmonisches Naturgemälde begriff. In der Vorrede zum ersten Band seines Hauptwerkes „Kosmos" forderte er als Leitgedanken: „Die Naturansicht soll allgemein, sie soll groß und frei, nicht durch Motive der relativen Nützlichkeit beengt sein." Diese Worte waren bereits damals als visionäre Warnung lesbar: Denn schon die Wissenschaft im

▶ Der universell gebildete und interessierte Alexander von Humboldt (1769–1859) war ein Zeitgenosse von Goethe und Darwin.

19. und mehr noch im 20. Jahrhundert sah die Natur eben nicht allgemein und frei an, sondern erhob genau die „relative Nützlichkeit" zu ihrer Maxime.

Am gegenwärtigen Zustand unseres Planeten, da sich die Schreckensmeldungen von Klimakatastrophen oder Plünderung der Rohstoffe häufen, ist das offensichtlich. In dem gleichzeitig gewachsenen Umweltbewusstsein, das sich für die komplizierten Zusammenhänge der Natur sensibel zeigt, ließe sich einiges von Alexander von Humboldts „Idee der Natur" wiederfinden.

Wusstest du, dass …

▶ Goethe ein großer Bewunderer Alexander von Humboldts und von dessen Bruder Wilhelm war? Er nannte die beiden in Anlehnung an ein unzertrennliches Brüderpaar der griechischen Sage die „Dioskuren".
▶ zu den von Humboldt geförderten jungen Forschern der Chemiker Justus Liebig gehörte?

Wie gewinnt man Curare?

Humboldt gelang es als erstem Weißen, die Indios bei der Zubereitung ihres Pfeilgifts zu beobachten. Das Gift wurde aus der zerstoßenen Rinde eines Strychneengewächses gewonnen. Der dabei austretende Saft wurde eingedickt, damit er an den Pfeilspitzen haften konnte. Humboldts Sammelleidenschaft, die auch vor Proben des tödlichen Gifts nicht Halt machte, wäre ihm kurz darauf fast zum Verhängnis geworden: „Das Curare hatte Feuchtigkeit gezogen, war flüssig geworden und aus dem schlecht verschlossenen Gefäß über unsere Wäsche gelaufen ..."

Welche Ausbildung bekam der Forscher?

Es war der Wunsch der Mutter Humboldts, dass der Sohn Alexander Kaufmann werden sollte. Der Vater des am 14. September 1769 in Berlin geborenen Alexander von Humboldt hatte im Heer Friedrichs des Großen gedient. Nach seinem frühen Tod im Jahr 1779 fiel die Erziehung Alexanders und seines Bruders Wilhelm der Mutter zu, die einer reichen Hugenottenfamilie entstammte.

Die Vorlieben Alexanders deckten sich jedoch nicht mit den Zielen seiner Mutter. Während seiner Studienjahre 1787 bis 1792 vertiefte er sich in die Naturwissenschaften, vor allem Biologie und Geologie, und absolvierte eine Ausbildung zum Bergbauingenieur.

Was machte der Biologe in Amerika?

Ihn führte eine Forschungsreise zum neuen Kontinent. Nach dem Tod seiner Mutter (1796) und einigen Jahren im preußischen Staatsdienst reiste er durch halb Europa, besuchte Museen, experimentierte, übte sich im Gebrauch der modernsten astronomischen und meteorologischen Geräte – alles im Hinblick auf die lang geplante große Forschungsreise in die „Äquinoktialgegenden des Neuen Kontinents", die Tropen Amerikas.

Mit einem Pariser Freund, Aimé Bonpland, schiffte er sich im Juli des Jahres 1799 ein.

Als er im August 1804 zurückkehrte, lag eine körperlich wie geistig schier unglaubliche Höchstleistung hinter ihm: Märsche in kaum erschlossener Wildnis, Bergtouren in die Fünftausender-Region der Anden, Einbaum-Fahrten auf den Flüssen Venezuelas.

Was brachte er von seiner Reise mit?

Humboldt brachte Material und Aufzeichnungen nach Europa mit, die für Jahrzehnte wissenschaftlicher Arbeit ausreichten. Er nahm Quartier in Paris, dem geistigen Zentrum seiner Zeit. Er schrieb „Ideen zu einer Geographie der Pflanzen nebst einem Naturgemälde der Tropenländer" (1805) und „Ansichten der Natur" (1808). Bereits ab 1807 erschienen in französischer Sprache die Bände seiner Reisebeschreibung, insgesamt 30, mit Karten, Zeichnungen, Tabellen. Die Gesamtkosten für sein Werk, die Alexander von Humboldt vorschießen musste, beliefen sich auf die ungeheuerlich hohe Summe von 600 000 Franc.

Reiste der Naturkundler noch einmal nach Amerika?

Nein, als Humboldt schließlich das Geld ausging, siedelte er nach Berlin über und nahm dort die gut dotierte Stellung eines Kammerherrn im Dienste des preußischen Staats an. Er widmete jedoch all seine Energie dem „Kosmos", jenem Werk, in dem er seine Studien zusammenfassen wollte. Humboldt arbeitete fast ohne Unterbrechung, gönnte sich nachts gerade mal drei Stunden Schlaf. Neben der Niederschrift des „Kosmos" bewältigte er eine Korrespondenz von jährlich 1500 bis 3000 Briefen. Außerdem förderte er junge Talente und ging noch immer mit Begeisterung botanisieren und Steine sammeln.

Als Alexander von Humboldt am 6. Mai 1859 starb, waren vom „Kosmos" vier Bände erschienen. Der fünfte war unvollständig geblieben und wurde erst nach dem Tod des Naturforschers veröffentlicht.

▼ Alexander von Humboldt entdeckte in Amerika mehrere Tausend Pflanzenarten, darunter die in seiner Reisebeschreibung abgebildete Orchidee *Angulea superba*.

▲ Das Schiff „HMS Beagle" im Jahr 1834 in Patagonien am Strand bei der Einmündung des Rio Santa Cruz: Auf der Reise mit diesem Forschungsschiff von 1831–1836 gewann Charles Darwin entscheidende Anstöße für die Entwicklung seiner Evolutionstheorie.

Was ist der Kern von Darwins Evolutionslehre?

Die Vielfalt der Tier- und Pflanzenarten ist nicht das Ergebnis göttlicher Schöpfung, sondern hat sich in einem langen Prozess der Selektion, der natürlichen Auslese, herausgebildet. Somit ist der Mensch schlichtweg ein Abkömmling niederer Arten, nichts weiter als ein „nackter Affe", wie es über ein Jahrhundert später der Anthropologe Desmond Morris auf den Punkt brachte.

Wie wurde Darwin Naturforscher?

Er kam auf Umwegen zu diesem Forschungsgebiet. Denn Charles Robert Darwin, der 1809 im mittelenglischen Shrewsbury geborene Sohn eines gut situierten Arztes, begann, dem Wunsch des Vaters entsprechend, nach der Schule 1825 ein Medizinstudium in Edinburgh, wechselte jedoch nur zwei Jahre später zur Theologie in Cambridge. Hier weckte die Bekanntschaft mit dem Geologen Adam Sedgwick und dem Botaniker John Stevens Henslow sein Interesse an den Naturwissenschaften, und nach Abschluss seines Studiums vermittelte

▲ Der britische Naturforscher und Vater der Evolutionstheorie Charles Darwin (1809–1882) warf bis dahin geltende Auffassungen von der Entwicklung der Arten um: Die biblische Schöpfungsgeschichte entsprach nicht mehr der wissenschaftlichen Lehre.

ihm Henslow schließlich die Teilnahme an einer Forschungsreise der „HMS Beagle".

Am 27. Dezember 1831 legte die Beagle in Portsmouth zu ihrer fünfjährigen Weltumseglung ab. Unterwegs machte Darwin geologische und tiergeografische Beobachtungen, sammelte und katalogisierte Fossilien.

Wusstest du, dass …

▶ der Franzose Jean-Baptiste de Lamarck bereits 1809 ein Modell der Evolution veröffentlichte? Ihre Wirkungsweise darzulegen und sie wissenschaftlich zu begründen, sollte jedoch Darwins Selektionstheorie vorbehalten bleiben.

▶ Darwin sein Medizinstudium 1827 vor allem deswegen abbrach, weil es ihm zu grausam war? Er verabscheute das Sezieren. Außerdem schreckten ihn die Operationen ab, die damals noch ganz ohne Narkose durchgeführt werden mussten.

Was fiel dem Reisenden unterwegs auf?

Auf den Galapagos-Inseln stellte Darwin fest, dass verwandte Tierarten auf den verschiedenen Inseln beträchtliche Unterschiede im Körperbau, aber auch in ihren Nahrungsgewohnheiten zeigten. Offensichtlich, so Darwins Schlussfolgerung, hatten sich diese Arten an ihre Umwelt angepasst und sie stammten von einer gemeinsamen Urform ab. Dies aber war mit den traditionellen Vorstellungen der Naturlehre gänzlich unvereinbar. Laut herrschender Meinung zeigte sich nämlich das göttliche Wesen der Welt darin, dass die neuen Arten als Ersatz für diejenigen geschaffen würden, die ausstarben. So waren denn auch, mehr schlecht als recht, Fossilienfunde von nicht mehr existenten Tieren und Pflanzen zu erklären. Denn einmal erschaffen, galten die Arten an sich als unveränderlich.

▲ Seine Forschungen zu den Riesenschildkröten auf den Galapgos-Inseln führten Darwin zu der Erkenntnis, dass sich Tierarten von Generation zu Generation weiterentwickeln. Sie ist ein Stützpfeiler seiner Evolutionstheorie.

Wodurch hatte der Forscher die zündende Idee?

1838, zwei Jahre, nachdem er von seiner Reise mit der Beagle zurückgekehrt war, erfolgte der Durchbruch. Darwin hatte wissenschaftliche Werke veröffentlicht und beharrlich an seiner Abstammungslehre und ihrer Begründung gearbeitet. Dann brachte ihn ein Zufall auf den entscheidenden Gedanken. Darwin las „zum Vergnügen" Thomas Robert Malthus' „Versuch über das Bevölkerungsgesetz" von 1798. Der Ökonom hatte darin beschrieben, dass das Bevölkerungswachstum durch die Verfügbarkeit von Nahrungsmitteln begrenzt wird. Charles Darwin war selbst überrascht, als ihm bei der Lektüre schlagartig die Idee kam, die zugleich zum Grundstein der Selektionstheorie wurde: Diejenigen Individuen, die an ihre Lebensbedingungen besser angepasst sind, haben die größten Chancen an Nahrungsmittel zu kommen und damit auch die größten Überlebenschancen.

Wurde der Entdecker bald bekannt?

Nein, es vergingen Jahre des Sammelns, des Präzisierens und Ausgestaltens. Unschlüssig wegen der zu erwartenden Reaktionen auf seine Thesen, die ja gänzlich ohne religiöse Faktoren auskamen, zögerte Darwin eine groß an-

gelegte Veröffentlichung immer wieder hinaus. Dann aber, 1858, bat ihn Alfred Russel Wallace um die Durchsicht eines Aufsatzes. Wallace war unabhängig von Darwin durch eigene Beobachtung zu ähnlichen Schlüssen gekommen und diese Aufzeichnungen drohten nun Darwins gesamte Arbeit zunichte zu machen. Doch man einigte sich rasch und im Juli 1858 stellten Darwin und Wallace gemeinsam ihre Gedanken in der Londoner Linnean Society vor. Jetzt aber war Darwin zur Veröffentlichung entschlossen und als im Jahr 1859, über zwanzig Jahre nach der Reise der Beagle, endlich „Die Entstehung der Arten durch natürliche Zuchtwahl" erschien, war das bahnbrechende Werk noch am selben Tag ausverkauft. Im Jahre 1882 starb Darwin als gefeierter Wissenschaftler in Down bei London.

▲ Die Abstammung vom „Affen" wurde gern aufs Korn genommen. Diese Karikatur von Thomas Nast (1840 bis 1902) auf die Lehren des Charles Darwin erschien 1871 in „Harper's Weekly".

Evolution und Selektion, was ist das?

Evolution bedeutet Wandel und Neuentstehung der Arten. Erklären aber konnte dies erst die Selektionstheorie: Individuen der gleichen Art weisen Unterschiede auf, die sie besser oder schlechter für den „Kampf ums Dasein" rüsten. Die besser gerüsteten überleben häufiger und länger und vererben ihre Eigenschaften weiter, so dass sich die Art allmählich wandelt. Werden Gruppen einer Art, etwa durch Wanderung, geografisch getrennt, dann entwickeln sie sich unabhängig; es entstehen verschiedene Rassen und aus diesen auch Arten, die untereinander nicht mehr fortpflanzungsfähig sind.

die „Apollo 11" mit ihrer Besatzung Neil Armstrong, Edwin Aldrin und Michael Collins bereits in der Erdumlaufbahn auf 183 Kilometern Höhe. Nach anderthalb Erdumdrehungen katapultierte die Saturn-Trägerrakete die drei Astronauten mit knapp 40 000 Stundenkilometern aus der Erdumlaufbahn auf die neue Flugbahn Richtung Mond. Während sich das Raumschiff immer weiter von der Erde entfernte, nahmen die drei Astronauten eine komplizierte Aufgabe in Angriff: Sie mussten die Landefähre „Eagle" (Adler), die sich im Inneren der Trägerrakete befand, von der Saturn abtrennen, umdrehen und mit der Kommandokapsel der „Apollo 11" verbinden. Das Manöver klappte auf Anhieb. Am 19. Juli 1969 erreichte das seltsame Gefährt die Mondumlaufbahn.

▲ Neil Armstrong betrat als erster Mensch am 21. Juli 1969 den Mond. Dieses Foto machte sein Kamerad Edwin Aldrin.

Wer war Neil Armstrong?

Neil Alden Armstrong war ein US-amerikanischer Astronaut, der als erster Mensch 1969 den Mond betrat. Armstrong wurde am 5. August 1930 in Wapakoneta im US-Bundesstaat Ohio geboren. Von frühester Kindheit an war er begeistert von der Fliegerei. So erlebte er schon mit sechs Jahren seinen ersten Flug in einem Flugzeug. Mit 16 hatte er bereits den Pilotenschein in der Tasche. Armstrong diente im Korea-Krieg als Kampfflieger und arbeitete später als Testpilot. Im September 1962 wurde er der Öffentlichkeit als künftiger Raumfahrer der US-Weltraumbehörde NASA vorgestellt. Seinen ersten Raumflug absolvierte Armstrong am 12. März 1966 als Kommandant der US-Raumfähre „Gemini 8", mit der er die erste erfolgreiche Kopplung zweier Raumfahrzeuge in der Erdumlaufbahn durchführte. Drei Jahre später leitete der US-Astronaut die Mondlandungsmission von „Apollo 11", steuerte die kleine Mondlandefähre „Eagle" und betrat als erster Mensch die Oberfläche des Mondes.

Wann reiste Neil Armstrong zum Mond?

Am 16. Juli 1969 um 14.23 Uhr MEZ hob das Raumschiff „Apollo 11" an Bord einer Saturn-V-Trägerrakete von der Basisstation Cape Kennedy in Florida ab. Es sollte erstmals in der Geschichte der Menschheit Erdbewohner zum Mond bringen. Um 9.44 Uhr MEZ befand sich

Wie verlief die erste Mondlandung?

Nach Überprüfung aller technischen Funktionen stiegen Armstrong und Aldrin in die Mondlandefähre „Eagle" um. Die Trennung der „Eagle" vom Mutterschiff klappte problemlos. Während Collins das Raumschiff weiter um den Mond steuerte, bereiteten die beiden anderen die Landung auf der Mondoberfläche vor. Jetzt kam es zur ersten wirklich riskanten Situation des Unternehmens: Während des Abstiegs der Landefähre Richtung Mondboden fielen alle drei Bordcomputer aus. Die beiden Astronauten konnten auf ihren Displays keinerlei Höhenangaben mehr erkennen. Neil Armstrong griff schließlich zur Handsteuerung, um über ein

Wie viele Menschen verfolgten Armstrongs Ausflug auf dem Mond?

Weltweit verfolgten etwa 500 Millionen Fernsehzuschauer in 49 Ländern die erste Mondlandung live an den Bildschirmen. In der Bundesrepublik Deutschland sahen etwa 10,2 Millionen Menschen nachts um 3.56 Uhr MEZ die Live-Übertragung vom Mond. Die Direktübertragung des Mondspazierganges von Neil Armstrong und Edwin Aldrin war vermutlich die teuerste Fernsehübertragung aller Zeiten. Zwei Milliarden Dollar stellte die NASA dafür zur Verfügung. Das entsprach etwa einem Zehntel des Gesamtbudgets des Apollo-Programms.

▼ So könnten sie aussehen, die Abdrücke der „Moonboots", die Neil Armstrong und Edwin Aldrin auf der Mondoberfläche hinterlassen haben.

Feld von Kratern und Geröll hinwegzukommen. „Der Adler ist gelandet", lautete um 21.17 Uhr MEZ der Funkspruch von Edwin Aldrin an die Basisstation.

▲ Die Besatzung der „Apollo 11" schrieb Menschheitsgeschichte: Neil Armstrong, Michael Collins und Edwin Aldrin.

Wie lange dauerte der Ausflug auf dem Mond?

Sechs Stunden nach der Landung begann der Ausstieg. Am 21. Juli 1969 um 3.56 Uhr MEZ setzte Neil Armstrong als erster Mensch seinen Fuß auf den Mondboden und sagte seinen berühmten Satz: „Es ist ein kleiner Schritt für einen Menschen, aber ein großer Sprung für die Menschheit." Wenig später betrat auch Edwin Aldrin den Mond. Die beiden Astronauten installierten eine Fernsehkamera und hissten die amerikanische Flagge. Außerdem installierten sie eine Edelstahlplatte mit der Aufschrift „Hier betraten Menschen vom Planeten Erde zum ersten Mal den Mond, 1969, A. D. Wir kamen in Frieden für die ganze Menschheit. Neil A. Armstrong, Astronaut, Edwin E. Aldrin, Astronaut, Michael Collins, Astronaut, Richard Nixon, Präsident der Vereinigten Staaten von Amerika." Während ihres spektakulären Aufenthalts auf dem Mond, der zweieinhalb Stunden andauerte, stellten Armstrong und Aldrin wissenschaftliche Geräte auf und entnahmen eine Reihe von Gesteinsproben.

Und wieder zurück zur Erde?

Die Bodenstation drängte auf den Abschluss des Ausflugs, da die Versorgung mit Sauerstoff und Energie allmählich zu Ende ging. Am Abend des 21. Juli 1969 um 18.54 Uhr MEZ begann mit der Zündung der Rückkehrstufe der Abschied vom Mond. Das Andocken der Kommandokapsel verlief ohne Probleme. Armstrong und Aldrin stiegen um und verstauten ihre Kiste mit den wertvollen Gesteinsproben. Sieben Stunden später wurde die Mondfähre abgesprengt und „Apollo 11" trat die Rückreise zur Erde an. Am 24. Juli 1969 um 17.51 Uhr MEZ landete die Kapsel am vorberechneten Landeplatz im Pazifischen Ozean. Eines der größten Abenteuer der Menschheitsgeschichte war erfolgreich zu Ende gegangen.

Wie viele Menschen waren bisher auf dem Mond?

Der Mond ist nach der Erde der einzige von Menschen betretene Himmelskörper. Im Rahmen des Apollo-Programms landeten in der Zeit von 1969 bis 1972 sechs bemannte Missionen mit insgesamt zwölf Astronauten auf dem Mond. Wegen der extrem hohen Kosten wurde das Apollo-Programm jedoch anschließend abgebrochen.

Wusstest du, dass …

▶ der Fußabdruck, den Neil Armstrong am 21. Juli 1969 auf dem Mond hinterließ, noch immer sichtbar ist? Auf dem Mond gibt es nämlich weder Luft, Wind noch Wasser, die ihn verwischen könnten. Nur durch den Aufprall winziger Meteoriten wird er irgendwann verschwinden.

▶ der Mond etwa 384 000 km von der Erde entfernt ist? Wollte man diese Strecke auf der Erde zurücklegen, müsste man etwa zehnmal um die Erde fliegen.

▶ der Mond einen Durchmesser von etwa 3478 km hat und somit viel kleiner ist als die Erde? Aus diesem Grund ist auch seine Schwerkraft geringer, so dass wir auf dem Mond etwa sechsmal höher als auf der Erde springen können.

◀ Millionen Schaulustige verfolgten am 16. Juli 1969 den Start der „Apollo-11" vom Weltraumbahnhof Cape Kennedy, dem heutigen Cape Canaveral. Die Mission dauerte insgesamt 8 Tage, 3 Stunden und 18 Minuten.

Abbildungsnachweis